DER TOD IST BESSER ALS SEIN RUF

Thomas Hohensee / Renate Georgy

DER TOD IST BESSER
ALS SEIN RUF

Von einem gelassenen Umgang mit der eigenen Endlichkeit

SALZBURG – MÜNCHEN

1. Auflage
© 2017 Benevento Publishing,
eine Marke der Red Bull Media House GmbH, Wals bei Salzburg

Medieninhaber, Verleger und Herausgeber:
Red Bull Media House GmbH
Oberst-Lepperdinger-Straße 11–15
5071 Wals bei Salzburg, Österreich

Satz: MEDIA DESIGN: RIZNER.AT
Printed in Slovakia
ISBN 978-3-7109-0018-1

Inhalt

Die etwas gelassenere Art, mit dem Tod umzugehen

Ein unerwartetes Rendezvous

»Leben ist tödlich« – dieser Schriftzug prangt auf einer Ufermauer direkt an der Spree. Ein Graffiti-sprayer hat sie dort hinterlassen. Es ist einer unserer Lieblingswege.

Da wir gerade planen, ein Buch über den Tod zu verfassen, könnte der Zeitpunkt für die Streetart-Aktion kaum besser gewählt sein. Wir nehmen den Schriftzug als dezente, aber deutliche Bestätigung unseres Vorhabens: »Schreibt es. Die Zeit ist reif dafür.«

Leben ist tödlich: so lapidar, so zutreffend. Nicht nur Zigarettenpackungen enthalten Warnhinweise, sondern neuerdings auch die ganze Stadt? »Bedenke, dass du sterblich bist – memento mori«, heutzutage ist es selten, im öffentlichen Raum an diese Wahrheit erinnert zu werden. Üblicherweise wird der Tod, so gut das eben geht, verdrängt, jedenfalls der leibhaftige, der sich außerhalb von Displays, Flachbildschirmen oder bedrucktem Papier ereignet. Ja, irgendwo da draußen kommen Menschen um, in Kriegen, bei Naturkatastrophen oder weil es Ebola gibt. Doch das findet üblicherweise viele tausend Kilometer von uns entfernt statt, nicht unmittelbar nebenan. Leichenwagen sind hier als solche nicht mehr erkennbar. Sterbende gibt es nur noch im Krankenhaus, im Pflegeheim oder im Hospiz, weit weg von unserem Alltag. Wir tun so, als gäbe es kein Morgen.

Segnen Prominente das Zeitliche, reichen die Reaktionen von ungläubigem Staunen bis zu blankem Entsetzen: »Wie konnte so etwas nur passieren? Es ist unfassbar!« Und doch, unsere Sterblichkeit ist nicht wegzudiskutieren.

Wie wäre es, sich dem Tod auf gelassene Weise zu nähern? Warum hat er eigentlich so einen schlechten Ruf? Können wir so mit ihm umgehen, dass er nicht die ganze Zeit wie ein dunkler Schatten auf unser Dasein fällt? Könnte er gar ein Freund werden? Was ist das Geheimnis eines Lebens, das den Tod nicht zu fürchten braucht?

Folgen Sie uns auf unserem Weg einer ungewöhnlichen Annäherung an das Unvermeidliche, zu einem entspannten und einstweilen noch völlig unverbindlichen Rendezvous mit dem Tod!

Was Sie von diesem Buch erwarten dürfen

Niemand weiß, was nach dem Sterben auf uns wartet. Man kann hoffen und vertrauen oder zweifeln und fürchten. Glauben steht gegen Glauben. Für die einen ist die Existenz Gottes und damit eines ewigen Lebens eine Gewissheit. Die anderen sind ebenso überzeugte AtheistInnen. Sie sind sich sicher, dass überirdische Mächte und ein Weiterleben nach dem Tod Hirngespinste sind. Beweise haben beide nicht, jedenfalls keine, die die jeweils andere Seite überzeugen würden. Egal mit wem man sympathisiert, eines wird einem nicht gelingen: das Sterben aus dem Denken zu verbannen. Denn der Tod schafft es täglich in unser Bewusstsein. Ob Kriege, Naturkatastrophen, Seuchen, Flugzeug- oder Zugunglücke: Die Schlagzeilen der Medien führen uns eindringlich vor Augen, dass das Leben endlich ist. Der »Todfeind« lauert überall.

In ihrer Freizeit schauen oder lesen viele Krimis und Thriller. Die mit dem Tod spielende Unterhaltung beherrscht die Bestsellerlisten und hat die besten Einschaltquoten. Das Katz-und-Maus-Spiel kitzelt die Nerven. Aber die meisten möchten, dass der Held oder die Heldin am Ende überlebt.

Überleben: Dieser Gedanke beherrscht den Geist. Der Jugend-, der Gesundheits- und der Ewigkeitswahn haben in diesem Wunsch ihren Ursprung. Wir wollen das Unvermeidliche um jeden Preis vermeiden. Aber es ist vergeblich.

Verdrängen und Jammern sind zwecklos. So werden wir die im Hintergrund lauernde Todesangst nicht los. Sich an seinen Besitz zu klammern, führt auch nicht weiter. Im Gegenteil: Der maßlose Materialismus, den wir dabei entwickeln, zerstört unsere Lebensgrundlagen. Mit übermäßiger Arbeit killen wir die Lebensfreude. Indem wir uns ins grenzenlose Vergnügen stürzen, amüsieren wir uns zu Tode.

Unzählige Menschen versuchen, durch ihre Kinder, ihr Werk, eine Stiftung oder einen bedeutenden Nachlass Spuren zu hinterlassen. Millionen stürzen sich in den Alkohol, werden melancholisch, zynisch oder beklagen die *Condition humaine*. Besser wird dadurch nichts. Die Spuren verwehen, der Rausch verfliegt: Das Elend bleibt.

Also ist die Sache ausweglos? Keineswegs! Der Tod ist besser als sein Ruf. Allerdings sind unsere Vorstellungen über alles, was mit Sterben und Tod zusammenhängt, dringend überholungsbedürftig. Wir brauchen weniger Trost als vielmehr ein neues Verständnis vom Tod – und vom Leben. Denn nicht nur das würdige Sterben, sondern auch das gute Leben fällt uns schwer. Oder möchte jemand ernsthaft behaupten, Krieg, Ausbeutung und Umweltzerstörung seien ein Ausdruck von Lebenskunst?

Die Aufgabe, neue Überzeugungen vom Leben und Sterben zu gewinnen, ist groß. Aber jeder, der will, kann bei sich beginnen. Philosophen und Heilige waren schon immer in der Lage, sich von ihrer Todesangst zu befreien. Die Stoiker konnte nichts erschüttern. Der zum Tode verurteilte Sokrates trank seinen Giftbecher in aller Seelenruhe, obwohl er hätte fliehen können. Der Buddha war unter allen Umständen glücklich. Was wussten diese Weisen, was ein Großteil der Menschheit bis heute nicht begreift?

Aufgrund solch unerschrockener Vorbilder dürfen wir voraussetzen: Ein gelassener Umgang mit der Endlichkeit ist erreichbar. Aber wie? Noch ist dies fast jedem ein Rätsel. Aber das wird sich ändern. So wie sich vieles bereits geändert hat. Die Fähigkeit des

Lesens und Schreibens zum Beispiel war Jahrtausende allein Schriftgelehrten vorbehalten. Inzwischen ist die Alphabetisierung weit fortgeschritten. Nach Schätzungen sind bereits über 80 Prozent der Weltbevölkerung in der Lage, sich schriftlich zu verständigen.

Genauso könnte sich die Einstellung zum Tod grundlegend wandeln. Die Bewältigung von Stress im Allgemeinen und von Todesangst im Besonderen scheint nur noch eine Frage der Zeit. Der Kognitiven Therapie ist es gelungen, die zeitlosen Weisheiten der Philosophen und Heiligen in eine uns heute verständliche Sprache zu übersetzen. Leider ist diese Methode noch nicht so verbreitet, wie es wünschenswert wäre.

Doch die Macht des Bewusstseins ist unaufhaltsam. Es ist der Geist, der immer beides beinhaltet: Angst und Vertrauen, Depression und Hoffnung, Wut und Gelassenheit, Glück und Unglück. Wir können uns für das eine oder für das andere entscheiden, vorausgesetzt, wir machen uns diese Freiheit ausreichend klar.

Nicht der Tod an sich ist das Problem, sondern welche Bedeutung wir ihm geben. Empfinden wir ihn als Verlust der Zukunft, geraten wir in Panik. Verwechseln wir alle unsere Schreckensfantasien mit der Realität, sterben wir tausend Tode und nicht einen einzigen.

Unsere irrationalen Überzeugungen und Verhaltensweisen können uns die irdische Existenz zur Hölle machen. Wir quälen uns selbst, oft ohne es zu wissen, statt uns zu erlösen. So wird der Tod zum Feind. Dabei könnte er der Schlüssel sein, um sich selbst und die Welt besser zu verstehen.

Leben und Tod, Tod und Leben sind wie siamesische Zwillinge. Sie sind ohne einander nicht denkbar. Man bekommt das eine zusammen mit dem anderen. Sie sind so miteinander verwachsen, dass der Versuch einer Trennung beide vernichten kann. Was lässt sich also tun, wenn man die zwei, die doch eins sind, in die Arme gelegt bekommt? Man liebt und nährt sie gleichermaßen oder man richtet sie gemeinsam zugrunde. Eine andere Wahl bleibt einem nicht.

Eines möchten wir mit diesem Buch auf keinen Fall, nämlich Ihnen endgültige Antworten auf alles geben, was mit dem Thema Tod zusammenhängt. Wir kennen die Wahrheit nicht. Aber wir wissen, dass es einen Unterschied macht, wie man über das Leben und Sterben denkt. Deshalb möchten wir Sie zum Nach- und Weiterdenken anregen. Einige Ihrer bisherigen Überzeugungen wollen wir infrage stellen, besonders solche, die Sie daran hindern, Ihr Leben zu genießen und dem Tod gelassen entgegenzusehen.

Es liegt uns am Herzen, Ihnen verschiedene Wege aufzuzeigen, wie Sie sich von der Angst um Ihr Leben und das Ihrer Liebsten befreien können. Die Endlichkeit des Lebens ist kein Grund zu verzweifeln. Indem man sich beispielsweise anschaut, wie andere Kulturen mit Sterben und Tod umgehen, kann man seine eigenen Denkgewohnheiten überprüfen und relativieren. Ob es ein Leben nach dem Tod gibt, mögen Sie selbst entscheiden. Eines ist auf jeden Fall möglich: ein Leben vor dem Tod, erfüllt von Freude, Vertrauen und Gelassenheit.

Das Versagen der Wissenschaft

Leider dürfen wir von der Wissenschaft, so wie sie sich im Moment darstellt, keine Hilfe erwarten, wenn es darum geht, die Angst vor dem Tod zu verlieren. Sie lässt uns bei den wichtigsten existenziellen Fragen im Stich. Schlimmer noch: Sie verstärkt die gegenwärtigen Ängste.

Woran liegt das? Die Stärken der Wissenschaft liegen vor allem in der Analyse, im Forschen und Erkennen eines bestimmten Ausschnittes der Realität. Sie ist jedoch nahezu unfähig, uns ein Gesamtbild zu liefern, nicht einmal von ihrem jeweiligen

Fachgebiet, noch vom Menschen und schon gar nicht von der Welt. Liest man Bücher von Wissenschaftlern, findet man oft nicht mehr als eine Aneinanderreihung von verschiedenen Studien. Kaum Schlussfolgerungen, wenig praktische Anwendungsmöglichkeiten, stattdessen der Standardsatz, alles müsse weiter untersucht werden. Das überrascht nicht. Kennt man nicht selbst das Phänomen, dass jede Antwort neue Fragen aufwirft? So arbeitet der analytische Verstand. Er zergliedert den Untersuchungsgegenstand und verliert sich in Details. Deshalb ist ein Experte scherzhaft definiert als jemand, der alles weiß und sonst nichts. Nicht zufällig haben die Größten auf ihrem Gebiet oft keine oder nur untergeordnete Universitätsausbildungen. Der wahrscheinlich bedeutendste Erfinder, Thomas Edison, dem wir die praktische Nutzung des Stromes verdanken, hatte nicht einmal eine vernünftige Schulbildung. Der vielleicht größte Universalgelehrte, Leonardo da Vinci, besaß ebenfalls höchstens rudimentäre formale Ausbildungen. Picassos Besuche der Kunstakademien kann man vernachlässigen. Ihm gefielen die dortigen Unterrichtsmethoden nicht, sodass er diese Stätte bald wieder verließ. Mozart hat nie eine Musikhochschule von innen gesehen. Einstein zeichnete sich mehr durch Selbststudium aus. In der Schule und auf dem Polytechnikum Zürich tat er sich schwer. Für Steve Jobs und Bill Gates gilt Ähnliches. Goethe hat nie Germanistik studiert oder sich bei einem Literaturinstitut eingeschrieben. Buddha und Jesus besuchten keine theologischen Seminare.

Die Naturwissenschaften haben es dennoch geschafft, eine Art Monopol auf die Deutung der Welt zu erlangen. Sie sind weitgehend an die Stelle der Kirche getreten. Zwar verfügen sie über keinen Papst, aber einige Universitätslehrer gerieren sich in ähnlicher Weise. Sie beanspruchen absolute Autorität, obwohl sie doch kein absolutes Wissen haben. Wie groß das Bedürfnis ist, an diesem Glanz teilzuhaben, sieht man an erschlichenen Doktorarbeiten und gefälschten Studien.

Redlich ist das nicht. Wissenschaftliche AußenseiterInnen werden ebenso ignoriert wie Fakten, die nicht zur herrschenden Meinung passen. Der Bannstrahl der »Inquisition« kann jeden treffen, der nicht bereit ist, sich anzupassen. Im schlimmsten Fall droht den KetzerInnen Ausschluss aus der »Kirche«, sprich Wissenschaftsgemeinde. Als Beispiel möchten wir hier nur den Fall des Biologen Rupert Sheldrake anführen, der mit seinen Thesen bestenfalls eine wissenschaftliche Randexistenz führen darf. Dabei geht es nicht darum, ob er recht hat, sondern darum, dass ihm die Wissenschaftsdogmatiker eine Auseinandersetzung mit seinen Theorien verweigern.

Die Irrtümer in den Wissenschaften füllen ganze Bücher. Nur reden die meisten WissenschaftlerInnen nicht gern darüber. Menschlich ist das verständlich. Wer möchte schon am Ende seiner Universitätslaufbahn eingestehen, dass die Theorien, die man zeitlebens verbreitet hat, sich als falsch erwiesen haben? Das sieht für viele wie Versagen aus, ist in Wirklichkeit jedoch nur das typische Berufsrisiko eines wahren Wissenschaftlers.

Tatsächlich sind wissenschaftliche Erkenntnisse stets unvollständig, lückenhaft und widersprüchlich. Irren ist menschlich, und Erkenntnistheorie ist nicht unbedingt das bevorzugte Thema der HochschullehrerInnen. Was kann man überhaupt wissen? Wo liegen die Grenzen der Erkenntnismöglichkeiten, sowohl mit den derzeitigen Forschungsinstrumenten als auch überhaupt?

Während die Physik einigen als die Königsdisziplin der Wissenschaften gilt, hat es die Metaphysik schwer. Das materialistische Weltbild beherrscht unsere Köpfe. Mit empirischen Mitteln nicht oder kaum nachweisbare Vorstellungen wie Gott, Weiterleben / Weiterexistenz nach dem Tod, vorgeburtliches Dasein und dergleichen halten strenge NaturwissenschaftlerInnen notwendigerweise für nicht existent, obwohl dies nichts weiter ist als eine Hypothese, die es näher zu untersuchen gälte. Aber wie?

Uns geht es hier nur um eines: Die Wissenschaft hat bisher in wesentlichen Fragen, die den Tod und das Leben betreffen, keine Beweise liefern können. Die Medizin hat Probleme damit, überhaupt zu bestimmen, ab wann ein Mensch tot ist. Die wissenschaftlichen Erkenntnisse zu den letzten Fragen sind dürftig. Deshalb sollte man sich nicht einschüchtern lassen, über den Tod zu glauben, was man will. Etwas anderes tun die WissenschaftlerInnen auch nicht. Sie sind Gläubige, obwohl die meisten von ihnen das niemals zugeben würden.

Und die Psychologie?

Spötter sagen, die Psychologie gehöre zu den angewandten Wissenschaften, wobei in diesem Fall die Wissenschaft erst noch entwickelt werden müsse. Das ist gewiss übertrieben. Die Psychologie hat eine Fülle an Erkenntnissen über die Funktionsweise des menschlichen Geistes hervorgebracht. Tatsache ist jedoch, dass sie eine noch junge Wissenschaft ist, die sich erst seit rund 150 Jahren als eigenständiges Forschungsgebiet etabliert hat.

Immerhin hat sich die Psychologie den wesentlichen existenziellen Fragen (Wer bist du? Wo kommst du her? Warum bist du hier? Wo gehst du hin?) angenähert. Dabei achtet sie meist streng darauf, alles auszuklammern, was über die irdische Existenz hinauszugehen scheint.

»Wer bist du?«, das ist für PsychologInnen normalerweise nur die Frage nach der Identität, die ein Mensch sich in seinem Leben aufgebaut hat.

»Wo kommst du her?« führt zu einer Beschäftigung mit der Vergangenheit, einer Zeitdimension, mit der sich insbesondere viele PsychotherapeutInnen sehr wohlfühlen, allerdings nur bis zum Punkt der Geburt, eventuell noch bis zur Empfängnis.

»Warum bist du hier?« ist eine Frage, der sich beispielsweise die Logotherapie und Existenzanalyse nach Viktor Frankl verschrieben hat. Den Sinn des Lebens zu ergründen oder gar den des Todes, geht den meisten PsychologInnen jedoch bereits zu weit.

Bei der nächsten Frage – »Wo gehst du hin?« – wird es dann besonders schwierig. Die Zukunft gilt es für PsychologInnen erst noch zu entdecken. Nachdem sie zum Teil erkannt haben, dass es zu einseitig ist, nur die Abgründe der menschlichen Psyche zu studieren, und vor etwa 20 Jahren die sogenannte Positive Psychologie begründeten, nähern sie sich vorsichtig auch der Gegenwart und der Zukunft. Die Zeitgrenze, die nicht überschritten wird, ist allerdings der Tod.

Den Tod sehen die meisten Psychologen, wenn überhaupt, nur in Zusammenhang mit pathologischen Befunden wie »Anpassungsstörungen« der Hinterbliebenen. Todesangst und Trauerbewältigung, das sind Themen, die PsychologInnen sich gerade noch erlauben. Phänomene wie Nahtoderfahrungen oder außersinnliche Wahrnehmungen zu untersuchen, geht ihnen derzeit noch zu weit. Was nicht in das herrschende Weltbild passt, steht leicht im Ruf, krankhaft zu sein.

Deshalb versuchen Neurowissenschaftler, Gottesvorstellungen als kurioses Produkt eines unter Stress geratenen Gehirns abzutun. Als wissenschaftliche These ist das ohne Weiteres zulässig, als Wahrheit aber untauglich. Das dominierende materialistische Denken verhindert weitergehende Erkenntnisse. So kommen auch in der Psychologie wichtige Anstöße von Außenseitern wie beispielsweise dem Arzt und

Psychotherapeuten Roberto Assagioli (1888–1974). Dieser hat bereits sehr früh darauf hingewiesen, dass der Psychoanalyse die »Psychosynthese« (so nannte er seine Methode) folgen müsse. Jahrzehnte vor der Positiven Psychologie hat er gefordert, dass PsychologInnen sich auch mit Freude, Liebe und Gelassenheit befassen sollten. So überrascht es nicht, dass Assagioli einer der Begründer der Transpersonalen Psychologie wurde. Seiner Ansicht nach ist der Mensch mehr als sein Körper, mehr als seine Gedanken, mehr als seine Gefühle und mehr als seine Handlungen, sodass die Existenz nicht mit dem Tod endet. Das Bewusstsein, das uns innewohne, sei nicht an irdische Formen gebunden.

So viel Spiritualität ist der »wissenschaftlichen« Psychologie noch zu gefährlich. Wer derartige Thesen vertritt, setzt seine Universitätskarriere aufs Spiel. Ausgerechnet das Fach, das die Wissenschaft vom Geist sein möchte, beschränkt diesen auf das irdische Sein und will ihn darauf reduzieren, ein reines Produkt des Gehirns zu sein. Es mag sein, dass dies zutrifft, aber warum werden andere Thesen kaum erforscht? Nehmen wir mal an, das Gehirn wäre so etwas wie ein Radio: Wie intelligent wäre es dann zu glauben, die Musik würde in dem Gerät gemacht?

Das eigentliche Problem ist nicht der Tod

Eine überraschende Lösung

Wie fühlen Sie sich gerade? Gestresst? Traurig? Ärgerlich? Glücklich? Zufrieden? Ängstlich? Und wovon hängt es ab, wie Sie sich fühlen? Darauf würden die meisten Menschen Antworten wie diese geben: »Mein Job ist so anstrengend. Ich soll die Arbeit für drei machen. Da bin ich natürlich gestresst.«

»Mein Mann hat sich gerade von mir getrennt. Er hat mein Herz gebrochen. Deshalb bin ich sehr unglücklich.«

»Heute Morgen war noch alles gut, aber dann ist mir dieser Vollpfosten ins Auto gefahren und hat mir die ganze rechte Seite verbeult. Ich bin immer noch kurz vor dem Platzen.«

»Ich habe gerade ein Enkelkind bekommen, daher könnte ich die ganze Welt umarmen.«

»Mit meiner Freundin verstehe ich mich richtig gut. Sie macht mich froh.«

»Der Klimawandel bereitet mir große Sorgen.«

Üblicherweise glauben Menschen – so wie in den Beispielen –, dass ihre Gefühle von den äußeren Umständen abhängen, also vom Verhalten ihrer Mitmenschen, von der Situation, in der sie sich gerade befinden, oder von der allgemeinen Weltlage. So wird es uns von den Eltern, den Schulen und den Medien beigebracht. Trotzdem ist es falsch; denn tatsächlich bestimmen nicht die Ereignisse, wie wir uns fühlen. Erst unsere Bewertung der Ereignisse ruft die jeweiligen Gefühle hervor. Die äußeren Umstände bieten nur einen Anlass, sich aufzuregen, deprimiert zu sein oder auch sich zu freuen. Sie sind in keinem Fall der unmittelbare Auslöser für unsere Emotionen.

Nehmen wir einmal an, Sie sind mit Freunden verabredet, um einen Picknickausflug zu machen. Gerade als Sie aus dem Haus gehen wollen, beginnt es zu regnen. Was empfinden Sie, wenn Sie die Regentropfen auf Ihr Fenster prasseln sehen?

Möglicherweise sind Sie traurig, dass aus dem Ausflug nichts wird. Oder sind Sie wütend darüber, dass das Wetter Ihnen einen Strich durch die Rechnung macht? Es könnte auch sein, dass Sie insgeheim froh sind, weil Sie nicht besonders gern Ausflüge unternehmen, Ihre Freunde aber nicht enttäuschen wollten. Oder der Regen ist Ihnen egal, weil Sie mit Ihren Freunden spontan beschließen, statt des Picknicks im Freien lieber in einem Restaurant zu tafeln. Merken Sie, dass Ihre Gefühlslage nicht vom Wetter abhängt, sondern von inneren Faktoren: ob Sie Ausflüge lieben oder nicht, ob Sie gleich gute oder sogar bessere Alternativen sehen, trotz des Regens einen schönen Tag zu verbringen, und ob Sie bereit sind, sich kurzfristig umzustellen.

Nicht anders verhält es sich mit Ihren Gefühlen, wenn Sie an den Tod denken. Es könnte sein, dass der Gedanke Sie beunruhigt, weil Sie Schmerzen beim Sterben befürchten, oder weil Sie sich nicht sicher sind, ob es vielleicht doch eine Hölle im Jenseits gibt, in der Sie landen könnten. Vielleicht freuen Sie sich aber auch auf ein ewiges Leben im Himmel, bei dem Sie von Ihren irdischen Sorgen und Problemen befreit wären. Oder Sie reagieren unbekümmert, weil Sie darauf vertrauen, dass Sie einfach nicht mehr existieren werden und Sie dieser Vorstellung etwas abgewinnen können.

Nicht selten verändert man im Laufe des Lebens seine innere Einstellung. Möglicherweise denken Sie heute anders über den Tod als früher. Der Gedanke, eines Tages zu sterben, hat Sie als Jugendliche vielleicht nicht berührt, während Sie als Erwachsene nun ein Unbehagen dabei empfinden. Oder es ist genau umgekehrt.

Auch wenn Sie sich den Tod geliebter Menschen vorstellen, haben Sie ganz unterschiedliche Möglichkeiten, darüber zu denken, obwohl Ihnen im ersten Moment der Gedanke kommen wird, der Ihnen am vertrautesten ist. Wenn Sie meinen, ohne diesen Menschen nicht leben zu können, werden Sie verzweifelt sein. Bei der Vorstellung, dass der Tod für diese Person die Erlösung von unerträglichen Schmerzen wäre, würden Sie erleichtert reagieren. Oder Sie bleiben gelassen, weil Sie sich davon überzeugen, dass es Ihrem verstorbenen Lieblingsmenschen an nichts fehlt und Sie selbst es schaffen werden, Ihr eigenes Leben zufrieden fortzusetzen. Die Annahme, dass der oder die Verstorbene gern länger gelebt hätte, würde Sie dagegen betrüben.

Wären das Sterben und der Tod an sich traurige oder beängstigende Ereignisse, müssten alle Menschen genau dieselben Gefühle – nämlich Unbehagen oder Furcht – entwickeln. Das ist jedoch nicht der Fall. Es gibt Alternativen, über den Tod zu denken. Welche Bedeutung wollen Sie ihm geben?

Bereits der griechische Philosoph Epiktet wusste: Nicht der Tod ängstigt uns, sondern unsere Gedanken darüber. Epiktet verwies darauf, dass Sokrates sonst nicht in der Lage gewesen wäre, die Todesstrafe gelassen hinzunehmen und den Giftbecher ungerührt auszutrinken. Dass wir fühlen, wie wir denken, war auch dem Buddha und anderen Weisen bewusst.

Die von dem US-amerikanischen Psychologen und Psychotherapeuten Albert Ellis (1913–2007) 1955 begründete Rational-Emotive Verhaltenstherapie hat diese uralten Weisheiten in die Neuzeit geholt und weiter ausgebaut. Bemerkenswert ist, dass es wiederum ein Außenseiter und Dissident war, der die sogenannte kognitive Revolution in der Psychologie einleitete und den »geistlosen« Ansatz der Behavioristen überwand. Aaron T. Beck (*1921) schloss sich ihm bald an und entwickelte die sehr ähnliche Kognitive (Verhaltens-)Therapie. Beide Methoden sind bestens erforscht und haben ihre Wirksamkeit wie kaum eine andere Therapieart bewiesen. Sie werden erfolgreich bei schweren Depressionen, bei Panikattacken und bei Zwangsstörungen angewendet, können aber ebenso bei Alltagsproblemen äußerst hilfreich sein.

Der Kern der Kognitiven und der Rational-Emotiven Therapie ist das ABC der Gefühle. A steht dabei für den äußeren Anlass, B für die persönliche Bewertung und C für die Konsequenz, also die eigene Reaktion. Nicht A ruft C hervor, sondern die dazwischen liegende Bewertung B. Dieses ABC ist auch beim Denken über den Tod wirksam.

Welche Gefühle wir entwickeln, bestimmen unsere Gedanken und vor allem unsere tiefgehenden Überzeugungen, also die Gedanken, die uns zu Denkgewohnheiten geworden sind. Wie bei anderen Gewohnheiten auch, braucht es Bewusstheit und Übung, um sie zu überwinden. Eine Gewohnheit zeichnet sich gerade dadurch aus, dass man sich ein Leben ohne sie nur schwer vorzustellen vermag. Sie ist uns sozusagen in Fleisch und Blut übergegangen. Sobald wir sie zu ändern versuchen, fühlt es sich unbehaglich und irgendwie »falsch« an. Das ist jedoch nur in der ersten Zeit so, weil man nach und nach andere Gewohnheiten entwickelt und auf diese Weise die alten Muster ersetzt.

Besonders schwer zu ändern sind gesellschaftliche Überzeugungen, von denen man die meisten bereits als Kind übernimmt. Menschen sind, positiv ausgedrückt, soziale Wesen. Negativ bewertet sind sie Mitläufer. Wir suchen – mehr oder weniger – die Übereinstimmung mit unseren Mitmenschen. Wir schwingen uns auf die Denk- und Fühlmuster unserer Umgebung ein. Ein gewisser Zwang ist dabei mit im Spiel. Oft hat man Sanktionen zu erwarten, wenn man sich vom Hauptstrom absetzt. Es sind Entschlossenheit und ein eigener Kopf erforderlich, um sich querzustellen und selbstständig zu denken.

Gerade im Hinblick auf Sterben und Tod stehen die Überzeugungen der westlichen Welt einem gelassenen Umgang mit der Endlichkeit gegenüber. Wir werden dies im Kapitel »Der Tod als Feind« noch näher beleuchten. Klar ist eines: Wer beim Gedanken an seine Sterblichkeit bedrohliche Bilder in seinem Inneren entwickelt, kann nicht entspannt bleiben, sondern muss sich ängstigen. Er könnte aber auch erkennen, dass er selbst der Regisseur dieses imaginierten Dramas ist, und rufen: »Stopp, alle zurück auf ihre Ausgangsposition! Hier wird kein Thriller, sondern eine Tragikomödie gedreht. Ich habe das Skript gerade umgeschrieben!«

Mit anderen Worten: Man muss nicht alles glauben, was man denkt und wovon man üblicherweise ausgeht. Es geht auch anders. Grundsätzlich ist jeder in der Lage, seine Gedanken, seine Bewertungen, seine Überzeugungen und damit auch seine Gefühle und sein Verhalten zu ändern. Wenn man diese Fähigkeiten in Hinblick auf den Tod nutzt, verliert er seinen Schrecken.

Wir sind nicht gezwungen, bestimmte Emotionen zu empfinden, und wir sind ihnen schon gar nicht ausgeliefert. Das gilt sowohl für die kleinen Ärgernisse des Alltags als auch für die großen Menschheitsthemen. Wir müssen nicht an die Decke gehen, weil unser Zug Verspätung hat und wir brauchen auch nicht in Panik zu geraten, weil wir sterben werden. Der Schlüssel zur Gelassenheit sind unsere Gedanken. Das ist die befreiende Botschaft der kognitiven Methoden, die Sie in diesem Buch kennenlernen werden.

Hört man zum ersten Mal von der Macht der eigenen Gedanken, sind die Reaktionen unterschiedlich, was wiederum nicht an der Information an sich, sondern an ihrer Bewertung liegt. Einige sind begeistert, weil ihnen bewusst wird, dass sie sich in Zukunft nie wieder von unangenehmen Emotionen überflutet fühlen müssen. Andere zweifeln, weil sie bisher den Eindruck hatten, als ob ihre Emotionen von außen auf sie einstürmten, ohne dass sie etwas daran ändern könnten. Ein paar machen sich das Leben besonders schwer, indem sie denken: »Soll das etwa heißen, ich sei selbst schuld, dass ich mir solche Sorgen um mein Ableben mache?« Diese Reaktion ist nachvollziehbar, aber wenig hilfreich. Es geht nämlich gar nicht darum, jemandem eine Schuld zuzuschreiben, sondern um das universelle Gesetz von Ursache und Wirkung.

Ein Beispiel: Wer sich stundenlang ungeschützt der prallen Sonne aussetzt, bekommt einen Sonnenbrand. Das ist weder schlimm noch gemein, sondern eine Tatsache. Nach einer solchen Erfahrung werden die meisten Menschen zukünftig Sonnenschutzcreme auftragen, einen Schirm aufspannen oder in den Schatten gehen. Es gibt aber auch welche, die sich trotzdem immer wieder in die Sonne legen. Sie brauchen offensichtlich länger, um die Wirkung der Sonnenstrahlen auf ihre Haut zu begreifen. Möglicherweise bekommen sie auch ihre Wünsche nicht unter einen Hut: braun werden, ohne zu verbrennen.

Nun sind die Themen des Lebens häufig wesentlich komplexer als ein banaler Sonnenbrand. Da kann es schon mal einige Jahre oder gar Jahrzehnte dauern, bis man begreift, wie der Hase läuft. Deswegen das Leben, die Welt, Gott oder wen auch immer anzuklagen, bringt nichts. Es verschlimmert die eigene Situation nur, weil man dann nicht nur den Schaden hat, sondern sich auch noch ohnmächtig fühlt. Wesentlich konstruktiver ist es, sich mit den Tatsachen vertraut zu machen und seine Möglichkeiten zu nutzen. In diesem Fall wird man früher oder später auch die innere Freiheit entdecken, die einem sehr viel unnötiges Leid erspart. *Das ist leicht gesagt,* denken Sie jetzt vielleicht. Aber Sie werden im Laufe dieses Buches sehen, wie Sie die neuen Erkenntnisse für sich nutzen können.

Der wichtigste Schritt, das Unbehagen gegenüber dem Tod zu verlieren, besteht darin, sich seine Stress verursachenden Überzeugungen bewusst zu machen und sie durch hilfreichere Denkmuster auszutauschen. Das braucht Zeit. Mit einer einmaligen Erkenntnis ist es nicht getan. Daher vermag das Lesen dieses Buches nur einen ersten Anstoß zu geben. Bis die neuen Ansichten über den Tod verinnerlicht und so automatisch abrufbar sind wie die vorherigen, sind zahlreiche Wiederholungen nötig. Die neuen, befreienden Gedanken müssen über Wochen und Monate täglich aufgefrischt werden, damit sie selbstverständlich erscheinen. Auch geht es nicht darum, sich etwas vorzumachen oder sich etwas einzureden. Man muss sich vielmehr davon überzeugen, dass der Tod nichts Schlimmes ist, sondern etwas anderes. Was genau, das müssen Sie für sich selbst definieren.

Dieser Prozess lässt sich erleichtern, indem man sich gute Vorbilder sucht. Es gibt Menschen, die weder Angst vor ihrem eigenen noch vor dem Tod ihrer Lieblingsmenschen empfinden. Wie bekommen diese Glücklichen das hin? Und wie können Sie dasselbe schaffen?

Einige, die behaupteten, keine Todesangst zu kennen, mussten allerdings am eigenen Leibe erfahren, dass ihre zur Schau getragene Furchtlosigkeit nur vermutet oder sogar vorgetäuscht war. Der Komiker Harald Schmidt sagte es so: »Ob jemand Katholik ist oder nicht, entscheidet sich auf den letzten Metern.« Vermeintliche Atheisten suchen in ihrer Sterbestunde Zuflucht bei Gott. Umgekehrt verlieren manche den Glauben, wenn es ernst wird.

Sicher ist nur, dass es immer Menschen gegeben hat, die ihre letzten Minuten auf der Erde tatsächlich entspannt oder sogar heiter verbracht haben. Die Widerstandskämpferin Erika von Brockdorff schrieb 1943 vor ihrer Hinrichtung in einem Abschiedsbrief: »Lachend will ich mein Leben beschließen, so wie ich das Leben lachend am meisten liebte und noch liebe.« Sie hatte beschlossen, sich von den Nazis das Lachen nicht verbieten zu lassen, nicht einmal im Angesicht des Todes. Sie konnten ihr zwar das Leben, nicht jedoch ihre innere Freiheit nehmen. Ihre Lebenslust bewährte sich selbst in dieser extremen Situation. Was können wir daraus lernen? Ist auch für uns Vergleichbares möglich?

Die Ursachen der Todesangst

Wann bekommt man Angst? Wenn man etwas Bedrohliches vor sich zu sehen meint. Beachten Sie bitte die Formulierung: Da ist nicht unbedingt wirklich etwas Bedrohliches, man befürchtet es aber und malt es sich so aus.

Angst kann sehr sinnvoll sein (manche nennen sie in diesem Fall Furcht). Wäre sie überflüssig, gäbe es sie nicht. Sie dient uns als Alarmanlage, indem sie vor Risiken warnt. Sie kann ein Kompass sein, wenn sie anzeigt, wo es gefahrlos langgeht und was man lieber meiden sollte. Bei jedem Menschen ist diese Alarmanlage jedoch völlig unterschiedlich eingestellt. Während sie bei den einen bei allem und jedem anspringt, obwohl tatsächlich keine Gefahr in Sicht ist, meldet sie sich bei anderen selbst dann nicht, wenn das Kind bereits in den Brunnen gefallen ist.

Erinnern Sie sich an die Berichte über den verheerenden Tsunami in Thailand 2004? Damals haben erfahrene Einheimische das ungewöhnliche Verhalten von Tieren und das plötzliche Zurückweichen des Meeres als Vorboten der riesigen Wellen gedeutet und die Flucht in höher gelegene Regionen ergriffen. Ahnungslose TouristInnen sind dagegen begeistert zum Wasser gelaufen, um ein besonderes Spektakel zu erleben und zu filmen. Die einen hat die Furcht vor den bekannten Anzeichen eines Seebebens gerettet. Den anderen hätte die Angst vor dem Unbekannten helfen können.

Dieses Sicherheitssystem funktioniert aber nur, wenn die innere Alarmanlage richtig justiert ist. Ist das der Fall, haben wir Respekt vor echten Gefahren, wie sie das Meer mit sich bringen kann, aber wir machen uns auch keine unnötigen Sorgen.

Falls Sie Kinder haben, wissen Sie, dass es eine Weile dauert und eine Menge Training erfordert, bis diese heiße Herdplatten, den Autoverkehr, hohe Bäume, tiefe Seen und Fremde mit Bonbons richtig einschätzen können. Es gilt, Gefahren weder zu leugnen, noch hinter jeder Ecke etwas Furchtbares zu vermuten. Keine ganz leichte Aufgabe für alle Beteiligten, sowohl die Eltern als auch die Kinder. Das Extrem auf der einen Seite wäre gleichbedeutend mit Verletzung der Aufsichtspflicht oder gar Verwahrlosung. Auf der anderen Seite stehen die überbesorgten Helikoptereltern, die ihr Kind keinen Schritt allein tun lassen.

Auch Erwachsene stehen immer wieder vor der Frage, ob sie zu tollkühn oder zu zaghaft sind. Es lohnt sich, seine Denk- und Verhaltensmuster regelmäßig einem Realitätscheck zu unterziehen. Dabei kann man seine Überzeugungen mit folgenden Fragen testen: Bilde ich mir nur ein, dass da etwas gefährlich bzw. unbedenklich ist? Wo sind die Beweise für das eine oder das andere? Hilft mir meine Einstellung, das Leben zu führen, welches ich führen möchte, oder benötigt meine Alarmanlage eine Neujustierung?

Angst kann lähmen. Im Extremfall traut man sich nicht mehr, das Haus zu verlassen, weil man überall Gefahren wittert. Das ganze pralle, bunte Leben zieht dann an einem vorbei, ohne dass man etwas davon hat. Man lebt nicht, sondern drückt sich lediglich die Nase an der Fensterscheibe platt oder hat sogar die Vorhänge zugezogen.

Paradox wird es, wenn man aus Angst vor dem Tod sein Leben nicht lebt. Diese Einstellung ist viel häufiger anzutreffen, als man auf den ersten Blick meinen könnte. Denn letztlich steht hinter jeder Angst Todesangst. Die Frage »Was kann nicht alles passieren?« führt in letzter Konsequenz immer zu der Antwort: Ich könnte sterben!

Todesangst ist fast immer übertrieben. Doch die mangelnde Unterscheidung zwischen der Wahrscheinlichkeit zu sterben und der bloßen Möglichkeit öffnet ihr Tür und Tor. Da niemand eine Garantie bekommt, im nächsten Moment noch zu leben, ist der Tod jederzeit möglich. Aber ist er auch wahrscheinlich? Junge Menschen gehören zum Beispiel grundsätzlich nicht zur Zielgruppe des Sensenmannes. Normalerweise stirbt man erst in höherem Alter. Die statistische Lebenserwartung liegt in unseren Breiten bei knapp 80 Jahren.

Im Leben, also auch beim Sterben, ist vieles paradox. Wie schwer es ist zu sterben, merken gerade diejenigen, die nicht mehr leben möchten. Die meisten Selbstmordversuche scheitern. Nach verschiedenen Schätzungen gelingt es nur zehn, fünf, vielleicht auch nur zwei Prozent der Sterbewilligen, aus dem Leben zu scheiden. Selbst wenn man einen Teil davon zu den »nicht ernst gemeinten« Tötungsversuchen rechnet, ist die Wahrscheinlichkeit eines Überlebens immer noch sehr hoch.

Das wissen auch diejenigen, die wegen einer schweren, unheilbaren Krankheit Sterbehilfe beanspruchen. Sie sind sich nicht sicher, ob sie ohne professionelle Mithilfe wirklich ihr Leben beenden können.

Letztes Beispiel (und jetzt wird es etwas makaber): In Ländern wie den USA, die noch die Todesstrafe praktizieren, passiert es immer wieder, dass die

Todeskandidaten den Tötungsversuch überleben, einige sogar mehrfach.

Todesangst entsteht also durch die Überschätzung der wirklichen Gefahr, ums Leben zu kommen. Eine weitere Ursache liegt in der Bewertung, Sterben sei eine Katastrophe, der ultimative GAU, die Mutter aller Unfälle. Daran schließen sich oft folgende Urteile an: Das Leben an sich sei schlecht, weil es mit dem Tod ende. Unter solchen Umständen könne man nicht sorgenfrei leben. Zu sterben komme einem Scheitern gleich. Erfolgreiche Menschen behielten über alles die Kontrolle. Wenn ein Todesfall passiere, hätten alle Beteiligten versagt: die Ärzte, die Familie und der Tote selbst natürlich auch.

Aber setzen wir die Reihe der Paradoxien fort: Nur wer dem Tod ins Auge sieht, verliert die Angst vor ihm. Wenn man bereit ist, jederzeit zu sterben, wird es möglich, die unzähligen Möglichkeiten des Lebens auszukosten. Das Leben wird leicht. Deshalb lohnt es sich, eine neue, angstfreiere Einstellung zum Tod zu finden.

Wir sagen nicht, dass man die Angst vor dem Lebensende völlig verlieren sollte. Stellen Sie sich vor, Sie seien die Kraft, die dieses Universum geschaffen hat. Wie hätten Sie es konstruiert? Wir jedenfalls

hätten dem Menschen ein bisschen Todesangst eingepflanzt. Warum? Weil sonst viel zu viele schon bei
jeder Kleinigkeit aus dem Leben scheiden wollten.
Ein kleiner Schauder ist also ganz gesund.

Der Tod ist eine Tatsache. Aber ist er auch etwas
Schlimmes? Die Meinungen darüber gehen weit
auseinander. Wobei die Menschen, die der Tod nicht
groß schrecken kann, eindeutig in der Minderheit
zu sein scheinen. Der Schriftsteller und Essayist
Mark Twain schrieb: »Ich fürchte den Tod nicht. Ich
bin Abermillionen Jahre tot gewesen, bevor ich geboren wurde, und ich habe kein bisschen darunter
gelitten.«

Wo das Bedrohliche sei, fragt Twain. Warum solle
man sich nicht von einer Sphäre in die andere
begeben, ebenso wie man ein Haus betrete und es
wieder verlasse, ohne ein Drama daraus zu machen?
Warum machen sich Menschen Sorgen wegen ihrer
Sterblichkeit, aber nicht wegen ihrer vorgeburtlichen
Existenz? Wer sagt überhaupt, dass der Tod das Ende
ist? Könnte er nicht ebenso gut ein Anfang sein?
Könnte es nicht sein, dass wir später einmal über
unser Unbehagen lächeln, weil es nichts gibt, das
diese Sorge um unser Überleben jemals gerechtfertigt
hätte?

Ohnmacht und Wut

Es gibt Menschen, die nicht mit Angst auf den Tod reagieren, sondern wütend oder melancholisch bis depressiv werden. Wie wir gesehen haben, ruft nicht die Situation an sich Gefühle hervor, sondern die persönliche Bewertung der Situation. Wut entsteht, wenn man verlangt, dass alles so läuft, wie man will, die Dinge sich aber nicht entsprechend fügen. Immer wenn man sich dabei erwischt, Sätze zu denken oder zu sagen wie »Das darf ja wohl nicht wahr sein ...«, »Ich bestehe darauf, dass ...« oder »Das muss hier alles ganz anders werden ...«, spielt man sich als Herrscher der Welt auf und steigert sich in seine Wut hinein. Aber macht es Sinn, wütend auf den Tod zu sein? Höchstens so viel, wie einem Gewitter, das über das Land zieht, Beleidigungen hinterherzurufen.

Wer vieles fordert und wenig geschehen lassen kann, für den ist das Leben ein ständiger Kampf und sehr, sehr anstrengend. Das soll nicht heißen, dass es falsch ist, für etwas zu kämpfen. Aber wer nicht dulden, zulassen und tolerieren kann, lebt sehr einseitig und erlebt nie, dass das Leben auch ein Spiel sein könnte. Für alle, die das »Mensch ärgere Dich nicht«-Brett in hohem Bogen durch die Gegend werfen, nur weil das Glück nicht immer auf ihrer

Seite zu sein scheint, hält das Leben Situationen bereit, die sich durch Wut nicht lösen lassen. Der Tod lässt sich nicht einschüchtern.

Und was ist mit denen, die resignieren, nur weil die Regeln nicht von ihnen gemacht wurden? Der Philosoph Byung-Chul Han fragt: »Wie kann man in dieser falschen Welt gern sein?« Er scheint bisher nicht auf die Idee gekommen zu sein, dass nicht die Welt falsch ist, sondern seine Art, sie zu bewerten. Niemand muss glücklich sein, schon gar nicht ununterbrochen. Wer aber tatsächlich nicht gern auf der Welt ist, wird Opfer seines Denkens. Unser Gehirn ist zuallererst darauf eingestellt, Gefahren zu entdecken. Deswegen prägen sich negative Erfahrungen grundsätzlich stärker ein als positive. Andere, jüngere Areale des Gehirns können diese negative Tendenz überspielen. Leider passiert dies nicht von allein. Man muss sich darum bemühen.

Auch wenn wir alle nach Vorgaben agieren, die wir nicht erfunden haben und manchmal nicht annähernd durchschauen, heißt das nicht, dass wir ohnmächtig sind. Ohne jede Macht ist man nur, wenn man seine positiven Fähigkeiten weder begreift noch anwendet. Wir können zwar (vermutlich) nicht entscheiden, wann und für wie lange wir auf die Erde kommen. Aber was wir aus der Zeit hier machen und vor allem, wie es uns dabei geht, darauf haben wir ganz erheblichen Einfluss.

Nötig dafür ist nur, sich von den eigenen einseitigen Denkgewohnheiten und denen der meisten Mitmenschen zu lösen.

Wir können konstruktiv mit den Bedingungen unserer Existenz umgehen. Das Leben mit seinen negativen Seiten annehmen und die positiven Seiten auskosten, so lang oder kurz es sein mag, und den Tod ohne Wenn und Aber akzeptieren: Darum geht es.

Das Phasenmodell der Trauer

Sind Angst, Trauer und Wut unauflöslich mit dem Tod verbunden? Ist es ausgeschlossen, angesichts des Sterbens Freude, Liebe und Gelassenheit zu empfinden? Wenn man der Psychiaterin und Sterbeforscherin Elisabeth Kübler-Ross glaubt, könnte man diesen Eindruck gewinnen. 1969 hat sie in ihrem Buch *Interviews mit Sterbenden* den Prozess beschrieben, den ihrer Meinung nach todkranke PatientInnen durchlaufen. Er besteht aus fünf Phasen.

Zunächst wollen die Betroffenen nicht wahrhaben, dass sie sterben müssen. Sie leugnen die Schwere ihrer Erkrankung. Darauf folgt eine Zeit des Zorns. Sie fragen sich »Warum ich?« und hadern mit ihrem Schicksal. In der dritten Phase fangen die Sterbenden an zu »verhandeln«. Sie besuchen Kirchen und bitten Gott um Aufschub oder sie flehen ihre ÄrztInnen an, sie wieder gesund zu machen oder ihnen wenigstens noch ein paar Jahre zu geben. Angesichts der Hoffnungslosigkeit und Vergeblichkeit ihres Tuns versinken sie anschließend in Depressionen. Sie trauern um den Verlust ihres Lebens und darum, dass sie ihre Liebsten und ihre vertraute Umgebung zurücklassen müssen. Erst danach machen sie, wenn überhaupt, Frieden mit ihrem Los. Sie willigen in den Lauf der Dinge ein und akzeptieren ihr Ende. Dennoch liegt über ihrer letzten Zeit stets ein Grundgefühl der Angst.

Das Hauptproblem dieses Phasenmodells besteht darin, dass Kübler-Ross lediglich beobachtet hat, was sie vorfand, nicht jedoch, was möglich wäre, wenn Menschen eine andere Einstellung zum Tod entwickelten.

Bei Modellen wie diesem besteht immer die Gefahr, dass sie wie ein Naturgesetz aufgefasst werden. Es weckt in diesem Fall negative Erwartungen, die die Tendenz haben, sich tatsächlich zu erfüllen. So ist es vielleicht kein Zufall, dass Kübler-Ross persönlich einen jahrelangen, schweren Sterbeprozess durchgemacht hat.

Auch Psychotherapeuten und Sterbebegleiterinnen, die das Modell kennen, suchen Indizien, die es bestätigen. Abweichungen davon wie Heiterkeit oder Gelassenheit erscheinen ihnen dann pathologisch, als unzulässige Verdrängung der »Realität«, wobei sie diese leicht mit ihren Erwartungen verwechseln. Sie meinen zu wissen, wie getrauert werden MUSS.

Gelassenheit hat im Sterben, wie Kübler-Ross es beschrieben hat, wenig Platz. Höchstens in der allerletzten Phase hält sie eine entspannte Einstellung für möglich. Ursprünglich wollte Kübler-Ross Sterbenden helfen. Letztlich hat sie mit ihrer Sichtweise jedoch dazu beigetragen, dass der Tod einen so schlechten Ruf hat.

Neue Erkenntnisse

Das Phasenmodell des Sterbens, das Kübler-Ross aufgestellt hat, gilt heute als überholt. Im Erleben von Menschen gibt es keine Gesetzmäßigkeiten. Da jeder so fühlt und handelt, wie er denkt, ist dies auch nicht zu erwarten. Lediglich die Tradition der Familie, der Gesellschaft oder der Kultur sorgt dafür, dass bestimmte Muster im Denken, Fühlen und Handeln vorherrschen.

Kübler-Ross hat in ihrer Studie ausschließlich die problematische Seite des Sterbens erfasst. Sie hat nur die Menschen gesehen, denen das Sterben schwerfiel. Die anderen, die sich leicht vom Leben lösen, hat sie vollkommen vergessen. SterbebegleiterInnen leiden oft ebenso wie Ärzte und Psychotherapeutinnen unter einer Wahrnehmungsverzerrung. In ihrer Praxis erleben sie vor allem diejenigen, die Probleme mit dem Leben oder Sterben haben. Diese Sichtweise ist nicht falsch, aber sie ist einseitig.

Deshalb räumen viele Sterbebegleiter heute ein, dass nicht alle von Kübler-Ross genannten Phasen auftreten müssen oder die Reihenfolge eine andere sein kann. Eine neue Generation von Sterbeforschern lehnt das Phasenmodell komplett ab. Einer ihrer Vertreter ist der Professor für Psychologie George Bonanno. In seinem 2009 erschienenen Buch *Die andere Seite der Trauer* fasst er seine Beobachtungen zusammen. Danach ist die Reaktion von Menschen auf den Tod nicht voraussagbar. Es gibt keine natürlichen, normalen oder notwendigen Abläufe, die damit verbunden sind. Vielmehr hängt es weitgehend von der sozialen Umgebung und der persönlichen Einstellung ab, wie das Sterben empfunden und verarbeitet wird.

Dieses »Modell«, wenn man es überhaupt so nennen will, lässt Raum für die verschiedensten Reaktionen. Einige trauern lange, andere kurz oder gar nicht. Diese werden wütend oder bekommen Angst, jene bleiben heiter und lachen sogar. *Die andere Seite der Trauer*, das bedeutet, dass auch positive Gefühle wie Freude, Liebe und Gelassenheit im Angesicht des Todes zugänglich bleiben. Bonanno macht also nicht nur Hoffnung, dass dem Tod die Schwere genommen werden kann, sondern er hat wie andere auch tatsächlich beobachtet, dass das Sterben kein schmerzhafter Prozess sein muss. Spaß und Lachen, die Fähigkeit zu widerstehen, Mitgefühl und innerer Frieden sind grundsätzlich ein Leben lang möglich, ungeachtet des Todes.

Wie der Tod in die Welt kam

Heute weiß jeder Mensch, dass er eines Tages sterben wird. Aber war das immer schon so? Wie dachten die Urmenschen über ihre Endlichkeit?

Vor Kurzem haben WissenschaftlerInnen das Auftauchen unserer Urahnen noch einmal um 400 000 Jahre vorverlegt, neue Knochenfunde haben sie dazu bewogen: Seit etwa 2,8 Millionen Jahren gibt es Menschen. Wir existieren also schon seit unvorstellbar langer Zeit, und doch ist diese kleine Ewigkeit nur ein winziger

Moment im Verhältnis zum Alter der Erde, das auf 4,6 Milliarden Jahre geschätzt wird. Das Universum soll vor etwa 13,8 Milliarden Jahren entstanden sein.

Wer waren nun diese neuartigen Wesen, die den Menschenaffen noch ziemlich ähnlich sahen? Was unterschied sie von verwandten Tieren?

Menschen können im Gegensatz zu allen anderen Lebewesen Werkzeuge herstellen und eine Sprache entwickeln. Aber was wussten die frühen Menschen vom Tod? Wann kam der Tod in die Welt, genauer gesagt: in das Bewusstsein der Menschheit? Constantin von Barloewen stellt in seinem Buch *Der Tod in den Weltkulturen und Weltreligionen* eine bemerkenswerte These auf. Er sagt, den Urmenschen sei nicht bewusst gewesen, dass ausnahmslos alle Menschen sterben. Zwar hätten sie den Tod von Familienangehörigen und Weggefährten zur Kenntnis genommen, aber noch nicht begriffen, dass dies auch ihr eigenes, unausweichliches Schicksal sein würde. Das Bewusstsein, eines Tages sterben zu müssen, sei relativ neu. Vermutlich lebten Menschen Hunderttausende von Jahren ohne diese Erkenntnis. Ist das nicht faszinierend? Wie muss es sich angefühlt haben, sich für unsterblich zu halten?

Aber geht es uns nicht zeitweise genauso? Glauben wir nicht ebenfalls, ewig zu leben, nur um dann durch Todesfälle anderer daran erinnert zu werden, dass auch wir irgendwann von dieser Erde verschwinden werden? Und wie mögen die ersten Menschen, denen ihre Endlichkeit klar wurde, auf diese Erkenntnis reagiert haben? Vielleicht nicht anders als Sie, als Ihnen dämmerte, dass Sie sterblich sind? Ich (T. H.) erinnere mich zwar nicht daran, wann ich die Endlichkeit meines Lebens begriffen habe, wohl aber an eine Fünfjährige, die einige Tage bei uns zu Besuch war und an einem Abend vor dem Einschlafen aus heiterem Himmel fragte, ob sie wie die anderen Menschen auch einmal sterben müsse.

Vielleicht kommt es Ihnen absurd vor, dass Menschen überhaupt erst verstehen mussten, dass niemand für die Ewigkeit gemacht ist. Aber hin und wieder hält sich jemand durchaus für unsterblich. So schreibt Prentice Mulford in seinem Buch *Unfug des Lebens und des Sterbens*, dass es nur eine schlechte Angewohnheit sei zu glauben, man müsse eines Tages dahinscheiden. Ohne diese Idee käme keiner um. Es ist wohl eine Ironie des Schicksals, dass er nur 57 Jahre alt wurde. Auch ihm gelang es also nicht, den »Unfug« des Sterbens zu beenden.

Die Erkenntnis, wann den ersten Menschen ihre eigene Sterblichkeit bewusst wurde, wird unterschiedlich datiert. Es spricht einiges dafür, dass es ungefähr

40 000 Jahre vor unserer Zeitrechnung passierte. Man könnte sagen: Unsere Ahnen begannen, etwas zu ahnen. ArchäologInnen bestimmen die Entwicklung eines Todesbewusstseins anhand von Grabfunden. Erst die Erkenntnis der eigenen Endlichkeit ziehe Begräbnisrituale nach sich. So erklären manche auch das Entstehen von Religion. Ohne das Bewusstsein der eigenen Sterblichkeit gäbe es kein Bedürfnis, Fragen nach einer überirdischen Existenz zu stellen. Dass Menschen begannen, die sterblichen Überreste ihrer Angehörigen aufwändig zu beerdigen, weise auf ein verändertes Bewusstsein hin.

Andere meinen, die Unausweichlichkeit des Todes dokumentiere sich zum ersten Mal im Gilgamesch-Epos, circa 2600 Jahre vor unserer Zeitrechnung. Ab diesem Frühwerk der Literaturgeschichte lasse sich die Beschäftigung mit den heute noch aktuellen Fragen nach dem Sinn beziehungsweise der Vergeblichkeit des Lebens nachweisen. Auch die menschliche Todesangst habe zu dieser Zeit begonnen. Zwar empfänden Tiere ebenfalls Furcht vor dem Tod, jedoch nur in bedrohlichen Situationen. Sie seien nicht fähig, diese vorwegzunehmen.

Letztlich kann dahinstehen, wann genau Menschen sich ihrer eigenen Sterblichkeit bewusst wurden. Denn viel bemerkenswerter ist die Tatsache, dass der Tod zwar von Urbeginn an existierte, von Menschen jedoch sehr lange überhaupt nicht in vollem Umfang erfasst wurde.

Das Bild, das wir uns von der Welt und von uns selbst machen, ist von unserem Bewusstsein abhängig. Was haben wir schon verstanden? Was noch nicht? Welche Erkenntnisse mögen wohl noch auf uns warten, von denen wir uns derzeit keinen Begriff machen? Was gibt es ebenfalls schon seit Ewigkeiten, das wir aber erst in Jahren, Jahrzehnten oder Jahrtausenden voll erfassen werden (vorausgesetzt es gibt dann noch Menschen)?

Andere Länder, andere Sitten

Es lohnt sich, über den Tellerrand zu schauen. Nicht nur wortwörtlich beim Essen, sondern auch in Bezug auf die unterschiedlichen Vorstellungen von Sterben und Tod. Ebenso wie es den Horizont erweitert, nicht ausschließlich Weißkohl, Schweinshaxe, Knödel und Rouladen zu genießen, sondern sich auch an Sushi, Pho, Chili con Carne, Guacamole oder Borschtsch heranzuwagen, ist es lehrreich, den Erzählungen zu lauschen, die andere Kulturen zum Thema Endlichkeit entwickelt haben. Es geht nicht um Wahrheiten, sondern um Erklärungsmuster. Wie sehen andere Völker oder frühere Epochen den Tod? Empfinden sie ihn als Endpunkt? Fürchten sie ihn, bleiben sie gleichmütig oder sehnen sie ihn gar herbei? Sind Sterben und Tod im Leben verankert oder werden sie ausgegrenzt?

Nicht der Tod ist das Problem, sondern unsere Gedanken über ihn, haben wir geschrieben. Um auf andere Gedanken zu kommen, befragt man am besten die, die anders denken. Der Gewinn, der sich daraus ziehen lässt, ist offensichtlich: Sobald man feststellt, dass in anderen Regionen der Erde oder auch in vergangenen Zeiten konträre Überzeugungen zu den hier und heute geltenden bestanden und bestehen, öffnen sich einem neue Welten. Man erkennt, dass letztlich alles eine Frage der Sichtweise, der Bewertung ist.

Was die Vorstellungen und Erklärungen der Urmenschen ihren Tod betreffend angeht, werden verschiedene, teilweise sich gegenseitig ausschließende Theorien vertreten. Es ist eben nicht leicht, aus Bruchstücken – seien es Tonscherben, Knochen oder Niederschriften in Sprachen, die längst vergessen sind – auf eine komplette Lebensphilosophie zu schließen.

Bedeuten umfangreiche Grabbeigaben tatsächlich, dass von einem Weiterleben nach dem Tod ausgegangen wurde, bei dem der oder die Verstorbene auf diese Dinge angewiesen wäre, oder mochten die Überlebenden die Hinterlassenschaften nur nicht weiter nutzen? Wollte man den in Embryonalstellung zurechtgebundenen Toten die Wiedergeburt in eine andere Welt erleichtern oder nur Platz sparen oder gar Wiedergänger verhindern?

Nicht nur das, was nach dem Tod kommt, ist ungewiss, sondern auch, ob unsere heutigen Ausdeutungen untergegangener Kulturen zutreffend sind. Gleichwohl erweitert es den Denkradius, sich in solche Fragen zu vertiefen.

Fangen wir an: Nachdem die Menschen erfasst hatten, dass sie ausnahmslos alle sterben werden, entwickelten sie Vorstellungen davon, was nach ihrem Tod zu erwarten sei. Während einige Völker sich bemühten, ein Ende jeglicher Existenz einfach zu akzeptieren, entwarfen andere komplizierte Zugangsriten in Unter- oder Nebenwelten und vielfältige Ideen über ein Weiterleben nach dem Tod. Die vorgestellten Daseinsformen reichen von der Auferstehung des Körpers über die Seelenwanderung bis zur Vermischung von Energien, der des Verstorbenen mit der kosmischen.

Es wird berichtet, dass bereits in der assyrischen und babylonischen Gesellschaft der Tod nicht als

Ende angesehen wurde, sondern lediglich als eine Trennung von Körper und Geist. Um diese Loslösung zu unterstützen oder überhaupt erst möglich zu machen, sahen und sehen verschiedene Kulturen das Öffnen des Schädels, das Verbrennen des Leichnams oder das Verfüttern an Geier vor (hinduistische Trauerrituale, tibetische Himmelsbestattung). Christliche und vor allem jüdische Traditionen betonen dagegen, dass eine spätere Auferstehung nur stattfinden werde, wenn der Leichnam unversehrt und ohne zeitliche Begrenzung in der Erde verbleiben könne (aus diesem Grund gibt es insbesondere sehr alte jüdische Friedhöfe). Die evangelische Kirche sieht die Einäscherung und das Urnenbegräbnis erst ab den 1920er-Jahren als legitime Beisetzungsform an, die katholische sogar erst seit den 1960er-Jahren. Während die eine Kultur Särge für eine würdevolle Beerdigung verlangt, hüllt die andere ihre Toten in Tücher, weil diese in der Lage sein sollen, die Prüfungsfragen für die Aufnahme ins Paradies vernehmen und zutreffend sowie hörbar beantworten zu können.

Erstaunlich religionsübergreifend scheint die Annahme zweigeteilter Totenreiche, je nachdem, ob sich ein Verstorbener in seinem Erdenleben für die Aufnahme in ein Gefilde von Freude und Wohlbehagen qualifiziert hat oder aber in einem Reich des Bösen schlimmste Qualen erleiden muss. Man könnte sich fragen, ob gerade Gesellschaften, in denen Gewalt und Brutalität an der Tagesordnung sind, auf die Idee kommen, ein grausames Folterreich zu fantasieren, in dem die Übeltäter für vergangene Taten belangt werden. Jedoch kommt es bei diesem Narrativ nicht immer auf die Lebensweise an. Von manchen wird vielmehr die Todesart als ausschlaggebend dafür angesehen, wo ein Verstorbener sich wiederfindet. Ein Heldentod auf dem Schlachtfeld, der Tod als den Göttern dargebrachtes Menschenopfer oder bei Frauen der Tod im Kindbett zogen nach Auffassung mesoamerikanischer Kulturen die Aufnahme in besonders privilegierte Totenreiche nach sich. Verbreiteter ist allerdings die Idee einer höheren Gerechtigkeit, die (auch) nach dem Sterben waltet, sei es nun als Karma oder in Form des Jüngsten Gerichts.

Wiedergeburt, Auferstehung oder Weiterleben werden in den verschiedenen Kulturen ebenfalls unterschiedlich bewertet. Während sich BuddhistInnen das endgültige Ende der Wiedergeburten als höchstes Ziel setzen, wird die Auferstehung in der christlichen Lehre als Beweis der Existenz Gottes angenommen. Was den einen wie eine Strafe vorkommt, erleben die anderen als Gnade. Es kommt eben darauf an, wie man über die Fortdauer der Existenz denkt. Ein Problem, das sich diejenigen ersparen, die ein Weiterleben nach dem Tod für ausgeschlossen halten. Mit diesem »Glauben« – mehr ist es auch nicht – ist man jedoch nicht automatisch aus dem Schneider; denn gerade die Vorstellung, durch den Tod in seiner Existenz völlig vernichtet zu werden, versetzt viele nicht weniger in Schrecken als die Annahme, in der Hölle zu landen. Kein Wunder, dass der Tod so einen schlechten Ruf hat. Sieht er doch oft so aus, als stelle er einen vor die Wahl zwischen Pest und Cholera.

Begräbnisrituale dienen vielen Völkern dazu, den Übergang der Toten in eine neue Existenz gangbar oder leichter zu machen. Wie beim Dogma der Erd- oder Feuerbestattung können nach Ansicht der jeweiligen Gläubigen vermeintliche Kleinigkeiten dabei entscheidend sein (die Ausrichtung des Gesichtes gen Mekka oder nach Jerusalem, Proviant für die langwierige Reise und anderes mehr). Nur wer den exakten Reiseplan und die zu bestehenden Herausforderungen der kommenden Tour kenne, habe Chancen, am gewünschten Ziel anzukommen. Das Ägyptische und das Tibetische Totenbuch, aber auch die mittelalterlichen Weisungen zur Kunst des Sterbens (*Ars Moriendi*) nehmen für sich in Anspruch, die entscheidenden Hinweise bereit zu halten.

Andererseits sollen Bestattungsfeiern die Hinterbliebenen beim Abschiednehmen unterstützen. Festgelegte Trauerzeiten geben den engsten Angehörigen die Möglichkeit, nicht umgehend zum Alltag zurückkehren zu müssen. Trauerkleidung zeigt Fremden den Verlust an und weist auf die emotionale Fragilität Hinterbliebener hin. Das Zusammenkommen von Verwandten und Freunden beim Beisetzungsritual kann außerdem das Gefühl stärken, nicht alleingelassen zu sein.

Die mittlerweile in Deutschland verbreitete anonyme Beerdigung (in Berlin und Brandenburg beträgt der Anteil mittlerweile 45 Prozent) ist vor allem praktisch. Sie senkt die Kosten und enthebt die Angehörigen der Grabpflege. Möglicher Nachteil: Einige Menschen fühlen sich damit eines Erinnerungsortes beraubt.

Zumindest die westlichen Gesellschaften erlauben immer mehr Freiheiten bei den Begräbnisformen und der Art und Weise des Trauerns. Die Bestattungsfeiern können ganz unterschiedlich ausgerichtet sein. Manche stellen das Leben, welches der oder die Tote geführt hat, in den Mittelpunkt. Die vergangene Existenz wird wertgeschätzt und in ihren besonderen

Verdiensten gewürdigt. Andere werfen Fragen auf, die den Verlust des irdischen Daseins und den Weg in ein ungewisses Schicksal betreffen, oder sie sprechen die möglichen Schwierigkeiten der Zurückgelassenen an und versuchen, Trost zu spenden.

Ein überzeugendes Beispiel, den Tod und die Verstorbenen ins Leben zu integrieren, stellen die mexikanischen Feierlichkeiten zum *Dia de Muertos* dar. Es handelt sich um eines der bedeutendsten Volksfeste des Landes, das nicht als Trauerveranstaltung, sondern als fröhliches, buntes Wiedersehensfest mit gutem Essen, temperamentvollem Gesang und ausgelassenem Tanz begangen wird. Der Legende nach kehren am 2. November jedes Jahres die Verstorbenen zu ihren Verwandten zurück, dort werden sie mit allen Ehren empfangen. Es gibt bunte Zuckertotenköpfe und Särge aus Marzipan zu essen. Allerlei unternehmungslustige Spielzeugskelette agieren als Brautpaare oder als Musikkapellen und führen das Gegenteil einer leblosen Existenz. Zum Abschluss des Besuchs der Toten begleiten die Angehörigen jene wieder zurück zu ihren Friedhöfen, auf denen ein letztes Picknick zelebriert wird. Die Christianisierung Mexikos hat zu einer Verknüpfung des Dia de Muertos mit Allerseelen geführt, wobei die Atmosphäre beider Feiertage in den verschiedenen Kulturen – dort das knallbunte Freudenfest und hier ein stilles Gedenken mit dunkelroten Grablichtern im nebelverhangenen deutschen November – unterschiedlicher nicht sein könnte.

Je nachdem, in welchem Land man aufwächst, lernt man die dortige Sprache. Mit ihr werden zugleich die traditionellen Erzählungen über das Leben, die Welt und den Tod weitergegeben. Die damit verbundenen religiösen und weltanschaulichen Gewissheiten oder auch Zwänge werden jedoch durchlässiger. Die ehemals selbstverständlichen Überzeugungen, mit denen man groß geworden ist, werden relativiert durch persönliche Eindrücke, die man auf Reisen in ferne Kontinente gewinnt. Der Kontakt mit unterschiedlichsten Menschen aus aller Welt sowie der Austausch von Informationen im Internet stellen bisherige Anschauungen stärker denn je infrage. Vermutlich hat es nie zuvor Zeiten gegeben wie heute, in denen jeder Mensch aufgerufen ist, seine eigenen Vorstellungen vom Tod und dem, was danach zu erwarten sei, zu entwickeln. Die Weltreligionen, die Philosophien der Menschheitsgeschichte und die ständig zunehmenden Erkenntnisse der Wissenschaften und ihrer Grenzgebiete liegen offen auf dem Tisch.

So viele unterschiedliche Ideen, so viele Möglichkeiten. Müssen wir wirklich weiter den überkommenen negativen Ansichten über den Tod folgen? Wäre es nicht an der Zeit, unsere beängstigenden Überzeugungen zu revidieren und uns andere, ansprechendere Vorstellungen und Rituale zu eigen zu machen?

Stellen wir einmal die gegensätzlichen Auffassungen gegenüber: zunächst der Tod als Feind, anschließend derselbe als Freund.

Der Tod als Feind

Krankheit, Alter und Tod in der öffentlichen Darstellung

Es ist kaum möglich, eine Zeitung aufzuschlagen, ein Onlinemagazin anzuklicken oder sich durch verschiedene Fernsehprogramme zu zappen, ohne dass einem ein wahres Horrorszenario entgegenschlägt. Da werden Menschen geköpft, gesteinigt, ertrinken im Meer oder werden von Amokläufern zur Strecke gebracht. Fast ist man froh, wenn es sich nur um ein sogenanntes Familiendrama handelt, das sich irgendwo im Land abgespielt hat. Mit diesem Begriff wird klassischerweise die Tötung von Frau und Kindern durch den Familienvater beschrieben.

Selbst wenn man im Begriff ist, sich erwartungsfroh – mit einer Tüte Popcorn in der Hand – einen lustigen Film anzuschauen, werden einem in der Werbeschleife davor noch ein paar Szenen untergejubelt, in denen ein Serienkiller einer Blondine seinen Revolver an den Kopf hält oder sich mehrere Personen wilde Schießereien liefern.

»Wer hat Großvater erschossen?« – das fragen angeblich US-amerikanische Kinder, wenn sie sich nach ihren Vorfahren erkundigen. Einen anderen als den gewaltsamen Tod durch Schusswaffen können sie sich – nach einigen Jahren des Fernsehkonsums, gewaltverherrlichender Computerspiele und dem freien Verkauf von Waffen aller Art in ihrem Heimatland – offenbar nicht mehr vorstellen.

Die Medienwelt ist voll von grausamen Todesfällen. Je sinnloser und blutiger, desto besser. Alles andere scheint keine Meldung wert. Dass eine 90-Jährige lebenssatt im Kreise ihrer Familie das Zeitliche segnet, irgendwo in Baden-Württemberg, interessiert angeblich niemanden. Will das tatsächlich niemand wissen oder nehmen die Redakteure und Ressortleiterinnen dies nur an?

Krimis und Thriller gehören zu den beliebtesten Genres auf dem Buchmarkt. Schon auf dem Cover trieft das Blut und lässt keinen Zweifel daran, dass mit minutiösen Beschreibungen aller denkbaren Foltertode zu rechnen ist.

Die Zeiten, in denen kleine, dicke, ältere Damen Kriminalfälle aufklärten, die sich mehr durch Witz und psychologische Tiefenschärfe als durch Insider-kenntnisse der Pathologie auszeichneten, scheinen vorbei zu sein. Warum lesen oder schauen Menschen diese grausigen Märchen?

Vor Jahren war irgendwo zu lesen, insbesondere Frauen würden solcher Beschäftigung Strategien entnehmen wollen, wie sie sich im Fall der Fälle schützen könnten. Ob das stimmt?

Wir halten eine andere Erklärung für einleuch-tender: Wenn man die Erde als einen gefährlichen, von Serienkillern bevölkerten Ort wahrnimmt, fühlt man sich von entsprechenden Thrillern magisch angezogen. Eine innere Resonanz stellt sich ein. Das Innen entspricht dem Außen. Hält man den Tod für grausam und sinnlos, sieht man sich durch entsprechende Stories bestätigt. Alles andere könnte das eigene Weltbild erschüttern, und wer möchte das schon? Ist die Fülle gruseliger Erzählungen jeweils das Abbild einer grassieren-den Todesangst?

War früher alles besser? Man braucht sich nur die Gemälde von Pieter Brueghel dem Jüngeren (auch genannt Höllenbrueghel), Francisco de Goya, Max Beckmann oder Otto Dix anzusehen, um diese Frage zu verneinen. Ein Bild sagt mehr als tausend Worte und transportierte schon in Zeiten, als Kino und Fernsehen noch unbekannt waren, oft die Botschaft vom grausamen und ungerechten, tückischen und furchtbaren Tod.

KirchenbesucherInnen sind seit Jahrhunderten umgeben von Darstellungen des gepeinigten Jesus Christus, flankiert von Heiligen, die all die schrecklichen Mordwerkzeuge, mit denen sie ins Jenseits befördert wurden, als Attribute in Händen halten.

Müssen wir Menschen ein Jüngstes Gericht fürchten, das uns die Quittung für sämtliche Missetaten unseres Erdenlebens präsentieren wird? Wer sich die Abbildungen der »armen Seelen« zu Gemüte führt, die dazu verdammt sind, im lodernden Fegefeuer auszuharren, kann nur schwer entspannt bleiben. Hölle, Tod und Teufel – die schrecklichen Drei – im Zusammenwirken mit einem strafenden Gott sind geeignet, die frohe Botschaft des Christentums komplett vergessen zu machen.

Den jeweiligen HerrscherInnen kam das Entsetzen ihrer Untertanen gelegen. Wie Eltern ihre Kinder mit der Drohung vom »Schwarzen Mann« und häuslicher Gewalt auf Linie brachten, so schüchterten Könige, Fürsten und Fürstbischöfe diejenigen ein, die dafür vorgesehen waren, den immensen Reichtum der Oberklasse zu erarbeiten. Nach dem

Motto: Wer nicht gehorcht, wird in der Hölle schmoren. Wer sich auflehnt, den holt der Teufel.

Auch wenn die Kirche ihre einstige Macht verloren und der König in vielen Ländern abgedankt hat, funktioniert dieses Herrschaftsinstrument bis heute. Wer von Todesangst gelähmt ist, kann nicht klar denken und plappert unkritisch nach, was die Mainstream-Medien vorgeben.

Dabei geht es den Herrschern dieser Welt höchstens äußerlich besser als ihren Untertanen. Kaufen Sie sich einfach eine der vielen Boulevard-Zeitschriften und das ganze Drama breitet sich vor Ihnen aus: Drogen, Depressionen, Selbstmorde, Unfälle, Familienfehden, Hass, Feindschaft. Dynastien, die gegeneinander und untereinander bis aufs Äußerste streiten, Kriminalität, Gefängnis, Krankheit, der verzweifelte Kampf gegen die sichtbaren Zeichen des Alters. Die Todesangst lässt sich weder durch Macht noch durch Geld besiegen.

Der Tod ist das größte ungelöste Rätsel, das Geheimnis mit der stärksten Anziehungskraft, das Problem aller Probleme. Gäbe es den Tod nicht, wäre allen Schwierigkeiten der Stachel genommen: Krankheiten? Na und, davon stirbt niemand. Armut? Egal, man überlebt trotzdem. Alter? Belanglos, es bedeutet nicht das Ende.

Wenn der Feind schon nicht zu besiegen ist, dann möchte man ihn wenigstens beobachten, seine Winkelzüge kennenlernen und ihn so lange wie möglich auf Distanz halten. Man sammelt alle Informationen, die man über ihn bekommen kann, und sei es in Krimis und reißerischen Schilderungen abscheulicher Taten.

Gary Larson, der geniale Comiczeichner mit dem Sinn für Tragikomik, hat in einem seiner Cartoons das Problem aus Sicht der Fliegen dargestellt. Sie sitzen dichtgedrängt im Kino. Auf der Leinwand steht gerade der Titel des Films: *Das Windschutzscheiben-Massaker*. Für Menschen wäre dieser Thriller uninteressant. Von Windschutzscheiben fühlen sie sich nicht bedroht, wohl aber von gemeingefährlichen Psychopathen, auch wenn diese Gefahr so weit von ihnen weg ist wie die Windschutzscheibe von der Mehrzahl der Fliegen.

Wie sehen die Fakten aus? Wie viele Morde haben Sie schon auf dem Bildschirm miterlebt? Und wie viele Menschen kennen Sie persönlich, die umgebracht wurden? Umgekehrt: Können Sie sich an Filme und andere Darstellungen erinnern, in denen jemand friedlich und gelassen gestorben ist? Von wie vielen Personen wissen Sie, denen dies gelang?

Der Tod wird in den Medien generell dramatisiert. Es fällt schwer, sich von der verbreiteten Angstlust nicht mitreißen zu lassen. Doch tut man gut daran, Fantasien als solche zu erkennen und sie regelmäßig mit der Realität abzugleichen. Schlimme Einzelfälle sollte man als Ausnahme nicht mit der Regel verwechseln. Nur so wird es möglich, das eigene Verhältnis zum Sterben zu entspannen.

Das Verhältnis zu Krankheiten ist von der Einstellung zum Tod ebenfalls nicht zu trennen. Auch hier verstärken die Medien vorhandene Befürchtungen. Die Schlagzeile »Promi X in der Klinik: Ist es Krebs?« scheint interessanter als etwa: »Sängerin Y (83): Noch nie ernsthaft krank gewesen!«, oder: »Politiker Z: Es war nur ein Schnupfen!«

Und wie wird das Alter dargestellt, quasi die Vorstufe des Todes? Abgesehen von Hochglanzprospekten, die zum Abschluss einer sogenannten Lebensversicherung animieren sollen, bekommen Zeitungsleser, Kinobesucherinnen und Fernsehzuschauer selten geistig und körperlich bewegliche Alte zu sehen, sondern eher welche mit *Honig im Kopf*, wie der gleichnamige Film den Geisteszustand eines Alzheimerpatienten beschreibt. Allein schon das Wort »alt« ist praktisch eine Beleidigung geworden. Da wird lieber ausweichend von »älter«, »Senioren«,

»*Silverager*«, »hochbetagt« und Ähnlichem gesprochen, damit sich niemand auf den Schlips getreten oder vom kalten Hauch des Todes angeweht fühlt. Bloß nicht daran denken, bloß nicht daran rühren. Jede Falte ist eine Erinnerung an das Unsägliche: Hier kommt keiner lebend raus!

Ein paar Fakten über das Altwerden

Alle möchten alt werden, aber niemand möchte alt sein, heißt es. Was sehen Sie vor sich, wenn Sie an Ihr Alter denken? Oder sind Sie bereits alt? Können Sie sich vorstellen, geistig wach und körperlich agil 95 zu werden? Oder sind Sie von der Gleichung »alt = krank« überzeugt? Halten Sie es für möglich, mit über 80 noch neue Menschen und unbekannte Dinge zu entdecken, die Sie begeistern? Oder sehen Sie sich in einem Pflegeheim dahinvegetieren? Woher stammt Ihr Bild vom Alter?

Wie sehr die Einstellung von Bewertungen abhängt, kann man an folgendem Beispiel erkennen: 100 Prozent aller Säuglinge haben Pflegegrad fünf. Es wird nur nicht so genannt. Tatsache ist jedoch, dass nicht ein einziges Baby selbstständig essen und trinken, noch seine Ausscheidungen kontrollieren oder sich waschen kann. Die Kleinen sind dabei jedoch überwiegend guter Dinge und kämen nicht auf die Idee, lieber tot als pflegebedürftig sein zu wollen, wie angeblich jeder zweite Erwachsene in Deutschland.

Sie merken, worauf wir hinauswollen? Vielleicht wenden Sie jetzt ein, dass Säuglinge sich entwickeln und immer weniger Pflege benötigen, ihre Zukunftsaussichten also bestens seien. Aber sind Sie sich völlig sicher, dass alte, pflegebedürftige Menschen sich nicht ebenfalls auf etwas Gutes zubewegen?

Wie viele über 90-Jährige benötigen Pflege? Was meinen Sie? Sind es 100 Prozent? 90 Prozent? 80 Prozent? Und wie sieht es Ihrer Ansicht nach bei den 85- bis 90-Jährigen aus?

Sagen wir es so: 40 Prozent der 90-Jährigen und über 60 Prozent der 85- bis 90-Jährigen brauchen KEINE Pflege. Das ist eine wesentlich bessere Quote als bei Säuglingen und Kindern, deren Lebensstadium doch oft als die glücklichste Zeit des Daseins gilt. Was könnte jeder von den steinalten Selbstständigen lernen? Was machen die, die sich bis ins hohe Alter selbst versorgen, anders als jene, die dazu nicht imstande sind? Kann man »erfolgreich« altern?

GerontologInnen führen ein gelingendes Altern im Wesentlichen auf drei Faktoren zurück: moderates Körpertraining, vernünftige Ernährung (mit einem entsprechenden Körpergewicht) und Verzicht auf Suchtmittel. Zwar werden die besten Voraussetzungen für ein gesundes Altern in den mittleren Jahren gelegt, aber eine Änderung des Lebensstils hat auch im höheren Alter noch positive Auswirkungen. Es ist also nie zu spät.

Wie bedeutsam der Lebensstil für ein langes, gesundes Leben ist, zeigt sich unter anderem daran, dass Frauen immer noch deutlich älter werden als Männer. Nein, es liegt nicht an den Chromosomen, denn die Lebenserwartung gleicht sich allmählich an, sprich die Männer werden älter als in früheren Jahrzehnten, auch deshalb, weil sie sich mittlerweile seltener gegenseitig in Kriegen erschießen. Dass die Lebenserwartung von Frauen und Männern bei verschiedenen Völkern stark variiert, unterstreicht die Bedeutung der Lebensweise. Im Übrigen stellen AltersforscherInnen klar, dass Gesundheit in keinem Lebensabschnitt, also auch nicht im Alter, völlige Abwesenheit von Kranksein bedeutet. Ein Mensch sei dann gesund, wenn er seine Lebensziele verwirklichen könne.

Die pessimistischen Szenarien, die mit zunehmender Lebenserwartung eine »Flut an Pflegebedürftigen« prognostizieren, sind unzutreffend. Man sollte sie zurückweisen. Bereits die Verwendung von

Begriffen wie »Flut« weist hier auf Unsachlichkeit und Übertreibung hin. Darüber hinaus schließt das Argument, dass die Zahl Pflegebedürftiger proportional zur Zahl alter Menschen steige, positive Entwicklungen aus. Es ist stattdessen sogar wahrscheinlicher, dass in Zukunft immer mehr Alte sich eines immer längeren, gesunden Lebens erfreuen werden. Schließlich ist es der Menschheit in den letzten Jahrhunderten gelungen, sowohl die Lebenserwartung zu erhöhen als auch die Gesundheit junger und alter Menschen deutlich zu verbessern.

Beispiel Zahngesundheit: Noch vor wenigen Jahrzehnten trugen fast alle Alten ein künstliches Gebiss. Reklame für Haftpulver (Kukident), das den Sitz der Zahnprothese im Kiefer verbessern sollte, war allgegenwärtig. Heute sterben immer mehr Alte mit ihren eigenen Zähnen. Wenn in Teilbereichen solche Erfolge möglich sind, warum sollte dies nicht für das gesunde Altwerden überhaupt gelten?

Neue Schreckgespenster, die einem das Alter verleiden könnten, sind Parkinson, Demenz und Alzheimer. Sie werden von vielen als typische Alterserscheinungen angesehen. Weniger bekannt scheint, dass jede und jeder Einzelne viel dafür tun kann, nicht dement zu werden. Das Erkrankungsrisiko ist zum Beispiel bei Menschen, die körperlich aktiv sind, gegenüber den Couch-Potatos um 28 Prozent geringer. Die Wahrscheinlichkeit, Alzheimer zu bekommen, senken körperlich Aktive sogar um satte 45 Prozent. Höchst interessant ist die Forschung, die sich mit den Auswirkungen der Dauereinnahme von Beruhigungsmitteln auf ein späteres Demenzrisiko befasst. Häufig ist Demenz demnach kein Schicksal, sondern das Ergebnis eines riskanten Lebensstils. Das muss man aber erst einmal wissen.

Bildung schützt insgesamt vor Demenz. Menschen, deren Ausbildung länger als 15 Jahre in Anspruch genommen hat, erkranken nur halb so oft wie diejenigen mit weniger als 12 Jahren.

Inwieweit auch die parkinsonsche Erkrankung auf den Lebensstil zurückzuführen ist, weiß man noch nicht genau. Erste Hinweise gibt es aber schon. So gelten Erschütterungen des Gehirns als äußerst schädlich. Viele dürften das Bild des wahrscheinlich bekanntesten Parkinsonpatienten, des weltberühmten Boxweltmeisters Muhammad Ali, noch vor Augen haben.

Vielleicht schaut die Menschheit in einigen Jahrzehnten mit ebenso viel Unverständnis auf die heute vorherrschende Ignoranz gegenüber solchen Erkenntnissen zurück, wie die heute Lebenden auf die Zeiten, in denen Seeleute an Skorbut erkrankten, weil noch nicht bekannt war, dass ihnen auf den wochenlangen Schiffsreisen Vitamin C fehlte. Dass trotz dieses Wissens einige Reeder ihren seefahrenden Arbeitern später aus Kostengründen die gesunderhaltende Nahrung verweigerten, ist wieder ein anderes Thema.

Die Psychoonkologie hat vielleicht am deutlichsten erkannt, wie wichtig es ist, ein erfülltes Leben zu führen, um gesund zu bleiben oder es wieder zu werden. Einer der Pioniere der psychotherapeutischen Krebsbehandlung, Lawrence LeShan (*1920), arbeitet seit Jahrzehnten mit Menschen, denen die konventionelle Medizin keine Hilfe mehr anbieten konnte. Er fand heraus, dass Menschen, die aus der Klinik zum Sterben nach Hause geschickt wurden, teilweise wieder vollständig gesund wurden, wenn es ihnen gelang, ihren höchstpersönlichen Lebenssinn zu entdecken und erste Schritte zur Verwirklichung ihrer Lebensträume zu unternehmen. Aber auch diejenigen, die den Krebs nicht besiegen konnten, erfuhren durch seine Methode in der Phase bis zu ihrem Tod oft eine wesentlich bessere Lebensqualität, um nicht zu sagen: Sie fanden in letzter Minute ihr Lebensglück.

All diese Ergebnisse zeigen, dass Menschen einerseits enorm viel dafür tun können, gut zu altern.

Andererseits werden Möglichkeiten, die uns heute schon zur Verfügung stehen, nicht im Mindesten ausgeschöpft. Insbesondere fällt auf, dass die entscheidenden Voraussetzungen für ein gesundes Leben im Alter weniger von finanziellen Mitteln als von Know-how abhängen. Auf jeden Fall ist es deutlich billiger, Geld in die Verhinderung »typischer« Alterskrankheiten zu stecken als in die Behandlung und Pflege Erkrankter. Leider ist unser derzeitiges Gesundheitssystem, das von Kritikern eher als Krankheitssystem angesehen wird, so organisiert, dass Ärzte und Ärztinnen ihren finanziellen Erfolg aufs Spiel setzen, wenn sie statt der Verschreibung von Pillen und der Durchführung von Operationen die Prävention in den Vordergrund rücken. Auch etliche PatientInnen gehen lieber den vermeintlich leichteren Weg, schlucken ein paar Pillen oder legen sich auf den Operationstisch, als die Mühen einer Verhaltensänderung auf sich zu nehmen. Festzuhalten bleibt: Wir brauchen dringend ein anderes Bild vom Alter und vom Tod.

Zeitbombe Körper

»Der Geist ist willig, aber das Fleisch ist schwach.« –
So steht es in der Bibel (Matthäus 26,41), und diese
Klage ist bis heute nicht leiser geworden. Ob die Aussage zutrifft, sei hier dahingestellt. Aber tatsächlich
empfinden viele Menschen ihren Körper als schwach,
verletzlich und unzulänglich.

Irgendwie passt das »schwache Fleisch« nicht
zum gängigen Machbarkeitswahn. Die meisten
wollen zwar – glücklicherweise – nicht mehr »hart
wie Kruppstahl« sein, aber der Körper soll dennoch
funktionieren wie ein Uhrwerk und nicht zicken
und zwicken, sondern alles mitmachen, was sich
der Geist so in den Kopf gesetzt hat. Misstrauisch
wird der Körper beobachtet und unbarmherzig
bewertet. Zeigen sich schon Zeichen des Verfalls?
Warum entspricht er nicht den gerade angesagten Trends? Warum bilden sich Röllchen, dort wo
straffe Muskeln sein sollten? Warum müssen Falten
ausgerechnet die begehrte Knackigkeit stören?
Überlegen Sie einmal, wie schnell Ihnen zehn Dinge
einfallen, die Sie an Ihrem Körper nicht mögen, und
wie lange Sie brauchen, um zehn Dinge zu benen-
nen, die Sie an ihm lieben. Ja, genau: Was finden Sie
an Ihrem Körper richtig toll?

Der Körper als Zeitbombe: In sogenannten Vorsorgeuntersuchungen, die tatsächlich nicht der Vorsorge, sondern allenfalls der Früherkennung von Krankheiten dienen, wird gecheckt, ob irgendwo irgendetwas nicht stimmt. Hautkrebs-Screening, Brustkrebs-Tastuntersuchung, Prostata-Ultraschalltest, Gebärmutterabstrich, Darmspiegelung: Man / Frau ist beschäftigt und die Krankenkassenbeiträge steigen. Aber was ist mit den weniger zugänglichen Stellen? Was ist, wenn sich irgendwo ein Aneurysma gebildet hat oder ein Hirntumor?

Der Medizinjournalismus versorgt uns reichlich mit Informationen, von denen die meisten weniger wissenschaftlich sind, als sie uns glauben machen. Dafür passiert etwas anderes: Man liest über Krankheiten und ihre Symptome und schon ist man sich nahezu sicher, dass es einen erwischt hat. So ähnlich wie manche Medizinstudenten, die immer genau unter der Krankheit zu leiden scheinen, die gerade durchgenommen wird. *Der eingebildete Kranke* – ein Stück, das täglich in den Notaufnahmen der Krankenhäuser gespielt wird.

Vertrauen in den Körper ist nicht nur zahlreichen ÄrztInnen fremd. Für sie, aber auch für die meisten ihrer PatientInnen, ist er wie eine Zeitbombe, die irgendwann explodieren wird. Den genauen Moment kennt nur der Schurke, der den Zeitzünder bedient hat. An den Zündmechanismus kommt keiner heran. Alles, was man tun kann, ist die Bombe argwöhnisch im Auge behalten, in regelmäßigen Abständen, manchmal rund um die Uhr, überwachen und jederzeit mit dem Schlimmsten rechnen. Ihr Ticken ist kein Grund zur Beruhigung; denn die Uhr läuft unaufhaltsam ab, und dann geht das Ganze mit einem Riesenknall hoch. Deshalb weichen Ärzte und Ärztinnen allen Fragen nach Sicherheit aus; denn wer gibt schon Garantie auf eine scharfgemachte Zeitbombe?

Keineswegs völlig unbegründet ist die Befürchtung etlicher Menschen, einen qualvollen Tod sterben zu müssen. Während in früheren Zeiten, in denen Intensivmedizin noch ein Fremdwort war, Alte in Ruhe zu Hause ihr Leben beenden konnten, besteht heutzutage die ernst zu nehmende Gefahr, dass Sterbende in der Klinik noch einem medizinischen Overflow ausgesetzt werden. Die Gründe dafür sind vielfältig: Die ärztliche Überzeugung, versagt zu haben, wenn ein Patient nicht zu retten ist, finanzielle Erwägungen – in den letzten Tagen des Krankenversicherten wird noch einmal final Kasse gemacht –, aber auch die Unfähigkeit von Angehörigen, ihre Verwandten loszulassen.

Vorbeugung hilft: Der informierte Patient kann wirksam verhindern, in die Mühlen der Medizin zu geraten. Man kann jedem nur raten, sich frühzeitig mit der Materie zu befassen und auch mit Freund-Innen und der Familie darüber zu sprechen. Das ist am Anfang nicht unbedingt leicht, aber es führt dazu, dass man selbst entscheidet und nicht über einen entschieden wird. Im Anhang haben wir einige empfehlenswerte Bücher zu diesem Thema aufgeführt.

So unzulänglich viele Menschen ihren Körper empfinden, so sehr klammern sie sich doch meist an diese Hülle und können sich kaum vorstellen, dass da mehr sein soll als die rein körperliche Materie, bestehend aus Armen, Beinen, Kopf und Rumpf.

Unter den beängstigenden Gedanken, den Tod betreffend, liegt deshalb die Vision, einsam im feuchten, dunklen Grab zu liegen und langsam von Würmern zerfressen zu werden, weit vorn. Wer so denkt, steckt in einem Dilemma. Denn die Alternative, in einen Ofen geschoben und zu Asche verbrannt zu werden, macht die Sache nicht wirklich besser.

Sollte Ihnen diese Angst bekannt vorkommen, ziehen Sie doch einmal in Erwägung – nur als Gedankenspiel –, Ihr Körper sei lediglich eine Art

Wintermantel, den Sie nach Ihrem Ableben, je nachdem, wie gut er noch erhalten ist, freien Herzens entweder in die kosmische Altkleidersammlung geben oder anderweitig zur Verfügung stellen, vielleicht mag ein anderer ihn (einzelne Organe) noch tragen. Dort, wo Sie nach Ihrem Tod landen, sind irdische Körper womöglich völlig aus der Mode und Sie sind heilfroh, Ihren alten Wintermantel zurückgelassen zu haben. Gibt es Schlimmeres, als auf einem Event deplatziert gekleidet zu sein?

Schlangen pflegen sich in ihrer Entwicklung immer mal wieder zu häuten. Sie werfen ihre äußere Hülle ab. Ganz so ist es bei uns Menschen nicht. Doch haben wir in unserem Leben alle schon in mehreren Körpern gesteckt: im Babyleib mit großem Kopf und kurzen, weichen Ärmchen und Beinchen, im geschmeidigen Körper der Jugend und in der charaktervollen Gestalt der späteren Jahre, der man mehr und mehr die Lebensgeschichte ansieht. Warum nicht wieder einmal einen Wechsel wagen?

Wer sich allein mit seinem Körper identifiziert, was für überzeugte MaterialistInnen selbstverständlich ist, mag an das Ende nicht denken. »Das war's dann.« »Dass alles so enden muss ...« »Schau mal, wie jämmerlich!« Diese oder ähnliche Gedanken gehen solchen Menschen vermutlich durch den Kopf.

Sie sehen nur Vernichtung und Auslöschung. Kann man derartiges akzeptieren? Möchte man das nicht um jeden Preis vermeiden?

Der eine oder die andere hofft, durch ein Werk irgendwie weiterleben zu können, und sei es nur in der Erinnerung der Lebenden. Manche tröstet der Gedanke, dass ihre Kinder die Reihe fortsetzen. Wenigstens die Familie lebt weiter, vielleicht auch ein Stück von einem selbst in den kommenden Generationen. So schön sinnvolle Arbeit und das Leben mit Kindern sein können, beides taugt nicht dazu, den Tod zu bewältigen. Im Gegenteil, auf diese Weise liegt über der Herstellung des Werks ein Schatten. Beschwingtheit weicht angestrengter Zwanghaftigkeit. Und was die Kinder angeht: Leben die nicht ihr eigenes Leben? Was, wenn das Werk nicht beachtet wird? Was, wenn die Kinder nicht so geraten wie erwartet? Was, wenn die Abkömmlinge ihrerseits kinderlos bleiben und das Aussterben der Familie abzusehen ist? Die Angst vor dem Nichts bleibt.

Vom Buddha wird berichtet, dass er seine Todesangst unter anderem durch Aufenthalte auf Friedhöfen und das Betrachten von Toten auf öffentlichen Leichenfeldern, die es damals gab, bewältigte. Oft schießen Fantasien dort ins Kraut, wo Fakten fehlen. Warum nicht am nächsten »Tag der offenen Tür« ein

Hospiz oder ein Krematorium besuchen? Warum sich nicht einmal in die Fotos von Menschen kurz vor und nach ihrem Tod vertiefen, die der Fotograf Walter Schels gemacht hat und die zusammen mit den Interviews der Journalistin Beate Lakotta in dem Bildband *Noch mal leben vor dem Tod. Wenn Menschen sterben* veröffentlicht wurden?

Letztlich lässt sich Angst nur durch Vertrauen besiegen. Einer Zeitbombe kann man nicht vertrauen. Deshalb macht es keinen Sinn, auf diese Weise über den Körper zu denken.

Das einzige Leben

Die vorherrschende Auffassung in unserer Kultur ist, dass wir nur dieses eine Leben haben. Der indische Philosophielehrer und Religionsbegründer Chandra Mohan Jain, besser bekannt unter den Namen Osho oder Bhagwan Shree Rajneesh, hat dies so kommentiert: »Euer Gott ist geizig. Er gibt euch nur ein Leben.« Jedenfalls ergeben sich aus der Vorstellung, man lebe nur einmal, gravierende Konsequenzen.

Hat man nur einen Versuch, muss der sitzen. Wer es jetzt nicht schafft, schafft es nie. *Streng dich an. Du darfst es nicht vergeigen.* So oder so ähnlich denken die meisten in unserer Gesellschaft. Glaubt man an das Dogma des einzigen Lebens, steht man von Anfang an ziemlich unter Druck.

Das ist in anderen Kulturen anders. In Indien beispielsweise sind die Menschen überwiegend davon überzeugt, wiedergeboren zu werden. Was ihnen in diesem Leben nicht gelingt, können sie in den folgenden nachholen. Kein Grund zur Aufregung. Da sie außerdem der Auffassung sind, Erbe aller ihrer Taten zu werden, kommt es für sie darauf an, sich möglichst jedes Mal ein bisschen zu verbessern. Einen Neuanfang gibt es nämlich nicht. Man macht da weiter, wo man aufgehört hat. War man ein Schuft, wird man dies irgendwann büßen müssen. Nicht in der Hölle, sondern in diesem Leben oder in einem der nächsten. Entgehen kann man den Folgen der einmal gesetzten Wirkung nicht. Dahinter steht kein strafender Gott. Mit Strafe hat das Ganze nicht das Geringste zu tun. Es ist einfach so, als hielte man die Hand auf die heiße Herdplatte. Man verbrennt sich. So ist das physikalische Gesetz.

Aber bleiben wir in unserem Kulturkreis mit seiner Vorstellung, dass nach diesem Leben alles vorbei sei und dass man diese einmalige Chance nicht vergeuden dürfe. Doch was ist ebenso unklug, wie sein Leben zu vertun? – Sich vorzunehmen, jede, aber auch wirklich jede Sekunde davon optimal zu nutzen. Jeden Tag zu leben, als wäre es der letzte, und alles in dieses eine Leben hineinzupacken, was nur irgendwie hineinpasst. Puh, ist das anstrengend! Aber fühlt sich das Leben der meisten von uns nicht genauso an? Was für eine Hetze, weil einem die Zeit davonläuft!

Sie brauchen Ihre Überzeugungen vom Bau der Welt nicht einmal komplett umzustülpen. Singen Sie Ihr Lied (wie es der bereits erwähnte Psychoonkologe Lawrence LeShan auszudrücken pflegt), folgen Sie Ihrer Berufung, finden Sie Ihr Glück, aber tun Sie es entspannt und ohne den ständigen Druck, das Allerbeste aus Ihren Tagen auf der Erde herausholen zu MÜSSEN. Sonst vergeigen Sie es nämlich wirklich, nur auf andere Art. Und falls Sie doch eines Tages aufwachen und feststellen, dass Sie ein zweites, drittes oder tausendstes Leben haben, wundern Sie sich bloß, woher Sie diese stressige Einstellung hatten.

Zugegeben, das ist provozierend. Aber finden Sie es nicht auch mühsam, pausenlos den Tag zu nutzen? Ist es nicht wunderbar, einfach einmal Zeit zu verplempern? Ist es nicht okay, sich an das eine oder andere Jahr im Leben nicht mehr erinnern zu können, weil wahrscheinlich nicht viel passiert ist?

»Das Leben ist kurz!«, ruft da jemand. Tatsächlich? Finden Sie 80 Jahre kurz? Sind 50 Jahre schnell wie ein Wimpernschlag vorbei? Egal wie lange es währt, auch wenn es weniger lange dauert, ist das kein Grund zu hasten.

Der Buddha machte als Grund allen Leidens die Gier aus. Gierig kann man sowohl nach Dingen als auch nach Erlebnissen sein. Es ist der sichere Weg, sich unglücklich zu machen, indem man begehrten Objekten hinterherhechelt. Vergleichen Sie es mit der Alternative, sich etwas zu wünschen. Ein Wunsch fühlt sich warm, weit und leicht an. Das Herz hüpft ein Stückchen in die Höhe, wenn wir an das denken, was wir gern hätten. Begehren wir es dagegen, zieht sich etwas in uns zusammen. Und bei dem Gedanken daran, es nicht zu bekommen, merken wir, wie uns das Herz schwer wird. Denn beim Begehren sind wir davon überzeugt, nicht glücklich sein zu können ohne das, wovon wir meinen, es unbedingt haben zu müssen.

Überwinden können wir die Habsucht nur, indem wir uns klarmachen: »Ich finde diese Sache, diese Erfahrung, diese Person toll, aber ich muss sie nicht besitzen. Es gibt anderes, das genauso gut ist.« Oder: »Ich würde dieses vorziehen, kann aber jenes akzeptieren«, oder: »So geht es, aber anders geht es auch.«

Im Moment des Begehrens kann man sich nicht vorstellen, dass da draußen noch viele weitere herrliche Dinge sind und man auf unendlich viele Weisen glücklich werden kann. Gier ist unersättlich. Ihre Objekte wechseln schnell. Haben wir nicht alle schon erlebt, dass das, wovon wir meinten, es unbedingt zu brauchen, uns schon bald nicht mehr begeistern konnte? Hand aufs Herz: Sind Sie nicht umgeben von Dingen, die Sie einmal begehrten, die Ihnen heute aber kaum noch etwas bedeuten? Man ändert sich und mit einem die Bedürfnisse. Wünsche kommen und gehen. Deshalb sollte man sie nicht allzu ernst nehmen und schon gar nicht Begierden aus ihnen machen. Nicht jeder Wunsch muss sich erfüllen. War man nicht schon so manches Mal froh darüber, dass etwas anders gekommen ist, als man es zunächst gern gehabt hätte?

Die Angst vor dem Tod beruht zu einem Teil auf der Gier nach Leben.

Dieses eine, einzige Leben, dieses kostbare, unersetzliche Gut, diese kurze, dahinfliegende Zeit. *Schon wieder ist der Sommer vorbei! Mein Gott, ich bin schon 60! Wo sind die Jahre geblieben? Die Zeit rast!* Wer so denkt, baut eine schwer erträgliche Spannung auf. Nicht die Zeit rast, sondern die Menschen hetzen durch ihr Leben und erlauben sich nicht die Muße, die es braucht, um all die kleinen Dinge und Ereignisse bewusst wahrzunehmen, die unseren Weg kreuzen und die Tage bunt und prall machen. Das Gefühl, das Leben würde an einem vorbeifliegen, entsteht vor allem dann, wenn man nicht im Hier und Jetzt lebt, sondern in Gedanken ständig vorauseilt. Man plant den Sommerurlaub des nächsten Jahres und bekommt deswegen nicht mit, dass gerade Herbst ist. Man überlegt, wo man in fünf Jahren beruflich stehen möchte, statt innezuhalten und zu feiern, was man schon erreicht hat. Man sorgt sich, ob die Rente sicher ist, obwohl man diese – wenn überhaupt – erst in 20 Jahren beantragen kann. Die Erwähnung, es sei Mittsommernacht, löst geradezu reflexartig die Erwiderung aus, jetzt gehe es schon wieder auf den Winter zu. Obwohl am 21. Juni in unseren Breiten der Sommer überhaupt erst richtig beginnt! Dass man auf diese Weise im Turbogang durchs Leben braust, ist nicht zwingend, sondern selbstgemacht.

Wie viele setzen sich eine bestimmte Lebenserwartung in den Kopf und sind geradezu empört, falls sie ihre Rechnung ohne den Wirt gemacht haben? Wie angenehm ist es da, einfach einen Tag nach dem anderen zu leben und erst am Ende – wenn überhaupt – die Summe zu bilden. Wie erleichternd, einfach mal den Tag auf sich zukommen zu lassen, die Freuden des Augenblicks zu genießen und auch das Leiden zu akzeptieren, ohne darauf zu bestehen, dass alles genauso laufen muss, wie man sich das in den Kopf gesetzt hat. Ist ein langes Leben besser als ein kurzes? Oder ist auch hier weniger mehr?

Ist das ereignisreiche Leben besser als das geruhsam dahinfließende? Hätten Sie lieber mehrere Leben? Oder stimmen Sie Mae West, der Hollywood-Diva mit den rasanten Sprüchen, zu? »Du lebst nur einmal, aber wenn du es richtig machst, reicht das völlig aus.«

Der Tanz ums Goldene Kalb

Dass Menschen zum Materialismus neigen und es ihnen schwerfällt, an Überirdisches zu glauben, ist eine alte Geschichte. In der Bibel klingt sie so: Moses steigt auf den Berg Sinai, um einen Bund mit Gott zu schließen und die Zehn Gebote zu empfangen. Den IsraelitInnen wird die Wartezeit, bis Moses zurückkehrt, zu lang. Sie fühlen sich verraten und alleingelassen. Sie glauben nicht mehr an den, der ihnen verheißen wurde, sondern beschließen, sich ihren eigenen Gott zu schaffen. Aus Schmuck und Münzen, die sie einschmelzen, entsteht das Goldene Kalb. Das glänzt schön und man kann es anfassen.

Auch heute lehnen viele ab, an etwas zu glauben, was sie nicht sehen und berühren können. Sie halten allein Materielles für sicher und erstrebenswert. Was ist schon ein reines Gewissen gegen einen funkelnagelneuen Porsche? Warum nicht lieber eine Eigentumswohnung als ein mitfühlendes Herz besitzen? Was sind freundliche Worte gegen eine exklusive Handtasche? *Diamonds are a girl's best friend.* Sie kennen das.

Selbstverständlich schließen sich ein reines Gewissen und ein Porsche nicht aus, ebenso wenig wie eine exklusive Handtasche ein mitfühlendes Herz verhindert. Manchmal steht allerdings eine Entscheidung an: Nehme ich das Geld, oder bleibe ich mir selbst treu? Will ich mich als Mensch weiterentwickeln oder Dinge ansammeln?

Der Materialismus ist – insbesondere in den westlichen Ländern – eine Art Staatsreligion geworden. Und etliche östliche Regionen sind dabei, kräftig aufzuholen und werfen für all die tollen Gegenstände der modernen Welt ihre alten Weisheiten auf den Müll: die Friedfertigkeit des Buddhismus, das Zinsverbot des Islam und die Naturverbundenheit indigener Völker.

Mit atemberaubender Geschwindigkeit werden die Ressourcen geplündert, bis uns das Wasser – nicht nur sprichwörtlich – bis zum Hals steht. Und wofür das alles? Für ein neues Smartphone, das mitunter tatsächlich smarter zu sein scheint als seine Besitzer-Innen, oder irgendeine andere Erfindung, die einen für dreieinhalb Minuten glücklich macht?

Der Materialismus als Staatsreligion? Ist das nicht total übertrieben? Machen Sie sich selbst ein Bild!

Am besten besuchen Sie dazu eine der Kathedralen des Konsumismus (nicht mit Kommunismus verwechseln!), also den Flagshipstore einer der angesagten Top-Modemarken. Hier am Ku'damm in Berlin sind diese wie auf einer Perlenkette aneinandergereiht. Dort können Sie beispielsweise eine Handtasche aus Krokodilleder anbeten. Sie steht wie eine Ikone in einer komplett in schwarz gehaltenen Schaufensterdekoration auf einer goldgeränderten, ebenfalls schwarzen Holzkonsole. Die bodentiefen Fenster sind klinisch sauber: kein Staub, kein Abdruck eines Fingers oder gar einer vorwitzigen Nase. Wenn Sie dem unsichtbaren Sog der Reliquie – in Fachkreisen spricht man von einer *Tote Bag* – folgen, wird Ihnen wie von Geisterhand die vollverglaste Tür zur heiligen Stätte aufgetan. Im Inneren des Konsumtempels finden Sie weitere streng limitierte Must-haves der aktuellen Saison, die in von innen beleuchteten Schreinen präsentiert werden. Flüsternd werden Sie mit den Details des Objekts Ihrer Begierde vertraut gemacht. Was für eine Inszenierung! Eigentlich fehlt nur noch die d-Moll-Toccata von Bach. Erwähnten wir schon, dass die heilige Tasche den Preis eines kleinen Neuwagens übersteigt?

Doch das letzte Hemd, sei es auch von Chanel oder Dolce & Gabbana, hat keine Taschen. So viel man sich auch zu Lebzeiten unter den Nagel reißt, es hilft alles nichts. Wir müssen den gesamten Krempel wieder loslassen. Nichts ist für die Ewigkeit, schon gar nicht der materielle Besitz. Schrecklich, oder nicht?

Vielleicht sollte man sich in diesem Zusammenhang in Erinnerung rufen, wie Sterbende in der Rückschau ihr Leben beurteilen. Die Autorin Bronnie Ware, die jahrelang als Palliativ-Krankenschwester arbeitete, hat aufgeschrieben, was ihre PatientInnen am Lebensende am meisten bereuen. Die fünf häufigsten Antworten beziehen sich auf Immaterielles. Die von Ware Befragten bedauern, sich nicht erlaubt zu haben, glücklich zu sein und das Leben zu führen, das sie wirklich leben wollten. Sie bereuen, den Kontakt zu FreundInnen nicht gehalten und ihre Gefühle zu selten gezeigt zu haben. Es tut ihnen leid, dass ihr Leben mit zu viel Arbeit angefüllt war. Niemand sagt, er hätte gern mehr Dinge angehäuft. Kein Bedauern darüber, dass es ihnen nicht vergönnt war, stets das neueste Tablet zu besitzen. Sie bereuen nicht, dass sie es beruflich nicht nach ganz oben – wo ist das? – geschafft haben.

Kennen Sie die Geschichte von dem Fischer, der in einer kleinen Bucht seine Angel ausgeworfen hat, als ihn ein Geschäftsmann anspricht: »Was machst du da? Warum gibst du dich mit einem oder zwei Fischen zufrieden? Du könntest die ganze Sache richtig groß aufziehen, andere Fischer einstellen und sie mit einem großen Boot auf's Meer fahren lassen. Du könntest tonnenweise Fisch fangen und in alle Welt verkaufen. So würdest du ein riesiges Fischfangimperium aufbauen und wärst reich.«

»Wozu?«, fragt der Fischer.

»Na, dann könntest du zum Beispiel in einer kleinen Bucht in Ruhe angeln.«

»Das tue ich bereits«, sagt der Fischer. »Und mehr als einen Fisch kann ich heute Abend nicht essen.«

Es fällt nicht leicht, sich der Logik des Geschäftsmanns zu entziehen. Zeit sei Geld, und Geld, mache glücklich: Das glauben viele. Aber Geld macht höchstens reich, sonst nichts. Geld kann nicht glücklich machen. Wie sollte das gehen?

Erinnern Sie sich an das ABC der Gefühle? Man fühlt so, wie man denkt. Es sind die Gedanken, die einen glücklich oder unglücklich machen. Nur so ist zu erklären, dass es unglückliche Milliardäre und glückliche Bettler gibt.

Die großen Menschheitslehrer wie Jesus, Buddha oder Laotse waren nicht reich, ganz im Gegenteil. Sie legten auf materiellen Besitz keinen Wert. Doch waren gerade sie es, die keine Existenzängste verspürten. Sie stellten das bei uns übliche Streben nach materieller Sicherheit völlig auf den Kopf. Materielle Sicherheit ist eine Illusion. Das stellt sich spätestens im Angesicht des Todes heraus. Wenn überhaupt etwas weiterexistiert, dann ist es jedenfalls nicht der Körper, also die Materie.

Was der Geschäftsmann dem Fischer einreden will, ist das Begehren. Er soll mehr *wollen*. Aber der Fischer weiß, dass er das gute Leben schon hat.

Wenn man es andauernd eingehämmert bekommt, mittels haushoher Plakatwände, cooler Werbespots und medialer Dauerberieselung, glaubt man es manchmal selbst: Nur wenn ich das sofort kaufe, kann ich glücklich sein. Aber wenn man innehält und genauer in sich hineinspürt, weiß man, dass das nicht stimmt. Es ist egal was gerade angesagt ist und was die Schönen und Reichen einem vorleben. Manche Leute sind so arm, dass sie nur Geld haben.

Damit man am Ende seines Lebens nichts bedauern muss, hier noch einmal die Werte, die Sterbende deutlich erkennen:

- So leben, wie es einem gefällt, und nicht, wie andere es erwarten.
- Weniger arbeiten und nicht nur Geld verdienen.
- Seine Gefühle zum Ausdruck bringen, statt sie für sich zu behalten.
- Freundschaften pflegen.
- Sich mehr Freude gönnen.

Das wollte ich dich auch gerade fragen

Jemand beklagt sich bei Gott: »All diese Kriege und Grausamkeiten, verhungernde Kinder, der tägliche Kampf Mensch gegen Mensch, wie kannst du das zulassen?« Da ertönt eine Stimme: »Das wollte ich dich auch gerade fragen.«

Haben Sie sich schon einmal bei dem Gedanken ertappt: *Warum lässt Gott das zu?* Insbesondere, wenn ein Kind stirbt, gar ermordet wird, oder überhaupt, wenn jemand einen qualvollen Tod erleidet, wird häufig diese Frage gestellt. Es gibt viele Antworten darauf. Die einen glauben, Gott kümmere sich nicht um die Angelegenheiten der Menschen. Die anderen vermuten, es seien seine besonderen Lieblinge, die Gott früh zu sich in den Himmel holt. Wiederum andere können der Idee des Karma etwas abgewinnen und wähnen die Ursachen des vorzeitigen oder grausamen Sterbens in früheren Leben der Betroffenen. Den Zorn können solche Antworten selten besänftigen. Aber ist die Empörung überhaupt berechtigt?

Wann wird man wütend? Wenn etwas nicht so läuft, wie man sich das vorstellt, oder genauer gesagt: wenn etwas anderes geschieht, als man verlangt. Das rührt an grundsätzliche Fragen. Ist es sinnvoll, Forderungen an Gott, das Universum oder die Welt zu stellen?

»Ich verlange, dass jegliches Sterben von Kindern sofort aufhört!«

»Meine Einstellung zum Tod ist eindeutig: Ich bin dagegen!«

»Jeder Mensch hat einen Anspruch auf einen sanften Tod in hohem Alter!«

Wie denken Sie über Proteste dieser Art?

Wie war das mit dem Wünschen und dem Begehren? Der Wünschende bringt zum Ausdruck, was er vorzieht, bleibt aber flexibel in seinem Denken, Fühlen und Handeln. Der Gierige dagegen tritt mit Absolutheitsanspruch auf, verhält sich unflexibel und rigide.

Anderen ein langes, glückliches Leben zu wünschen, ist empathisch. Überlegungen, wie man Kinder und Erwachsene vor Gefahren besser schützen könnte, sind verdienstvoll. Das Ziel, Schmerzen zu lindern und Leiden zu verringern, ist lobenswert. Jeglicher Versuch, die Welt zu einem besseren Ort zu machen, zeugt von einer hohen Gesinnung. Aber absolute Forderungen zu stellen, wie die Welt zu sein habe, ist irgendwie absurd, oder?

Wir sind keine WeltherrscherInnen (auch wenn einige wenige das anstreben). Was wissen wir schon? Was überblicken wir wirklich? Wie häufig haben wir uns bereits – bei deutlich überschaubareren Vorhaben, das Schicksal zu lenken – geirrt? Und trotzdem maßen wir uns ständig an zu beurteilen, was gut und was schlecht ist.

Aber es gibt Ausnahmen, wie die folgende Geschichte zeigt: Ein chinesischer Bauer besitzt ein einziges Pferd. Eines Tages ist es fortgelaufen. Die Nachbarn eilen hinzu und sagen: »Was für ein Unglück!« Der Bauer aber zuckt mit den Schultern: »Wer weiß!« Nach ein paar Tagen kehrt das Pferd zurück und bringt sogar einige Wildpferde mit. Die Nachbarn rufen: »Was für ein Glück!« Der Bauer verzieht keine Miene: »So?« Sein Sohn beginnt, die wilden Pferde zuzureiten. Dabei stürzt er und verletzt sich so schwer, dass er fortan hinkt. Die Nachbarn jammern: »Wie schrecklich!«, während der Bauer nur sagt: »Wirklich?« Alsbald zieht der Kaiser in den Krieg und rekrutiert junge Männer. Der Sohn des Bauern wird wegen seiner Behinderung zurückgestellt und überlebt, anders als die Söhne der Nachbarn. Diese sind in ihrem Urteil stets voreilig und engstirnig. Nur der Bauer scheint eine Ahnung davon zu haben, dass sich das Schlechte als gut und das Gute als schlecht erweisen kann. Oft ist das Gute nicht nur gut und das Schlechte nicht nur schlecht. Seine Einstellung ist ebenso selten wie klug.

Bevor man beginnt, anderen vorzuschreiben, wer, wann, wie agieren müsste, um die ganze Welt nach dem eigenen Geschmack zu formen, kann man darangehen, erst einmal selbst zu tun, was man als richtig erkannt hat. Nicht mehr mitlaufen, nur weil andere losstürmen. Nur noch Ja sagen, wenn man auch Ja meint. Aufhören, vor dem Unrecht die Augen zu verschließen, weil es bequemer scheint. Damit hat man die nächsten Jahre, vielleicht sogar ein Leben lang, genug zu tun.

Auf jeden Fall scheint es vernünftiger, sich mit Forderungen, wie alles zu sein habe, zurückzuhalten und sich lieber mit Dingen zu beschäftigen, die in der eigenen Macht stehen. Muss-, Sollte- und Darf-nicht-Überzeugungen führen nur zu Leid, Frustration und Hass.

Warum versucht man überhaupt, das Unabänderliche infrage zu stellen? Was steckt dahinter, wenn jemand mit Gott, der Natur oder dem Universum ins Gericht geht? Beobachten Sie einmal kleine Kinder. Die mögen es oft gar nicht, wenn etwas gegen ihren Willen geht. So etwas kann bei denen einen mittelschweren Wutausbruch auslösen. Trotzdem können Erwachsene ihnen nicht alle Wünsche erfüllen, aus Gründen, die die Kinder nicht verstehen können. Was, wenn wir im Verhältnis zu einer höheren Intelligenz wie Kinder sind und uns die Einsicht in größere Zusammenhänge fehlt? Wir verstehen oft die einfachsten Dinge nicht, zum Beispiel warum es uns nicht gelingt, nur so viel zu essen, dass wir schlank bleiben, und meinen doch, bei viel schwierigeren Fragen, die wir nicht annähernd durchschauen können, mit dieser höheren Intelligenz, die das gesamte Universum lenkt, hadern zu dürfen.

Beispiel Krieg: »Warum lässt Gott das zu?«, empören sich nicht wenige, obwohl die treffendere

Frage lautet: Warum lassen wir das zu? Die Beendigung militärischer Auseinandersetzungen wäre eine Sache, die wir selbst regeln könnten. Aber wo waren Sie bei der letzten Friedensdemonstration? Wo waren wir? Wählen Sie auf dem Stimmzettel Ihre Partei danach aus, ob sie sich in der Vergangenheit und in Zukunft für Frieden einsetzt? Haben Sie schon einmal die PolitikerInnen Ihres Wahlkreises persönlich aufgefordert, gegen alle Formen von Gewalt und Krieg Initiativen zu ergreifen? Oder wenden Sie sich lieber gleich an Gott und ziehen ihn zur Rechenschaft?

Alle durch Kriege verursachten Tötungen könnte die Menschheit verhindern. Dazu brauchen wir Gott, die Natur oder das Universum nicht. Also lassen Sie uns doch erst einmal damit anfangen, bevor wir den höheren Instanzen Vorwürfe machen.

Zugegeben, es bleiben Fragen offen wie: Warum gibt es Neugeborene, die bereits nach wenigen Wochen sterben? Warum ist einigen Menschen nur ein kurzes Leben beschieden, obwohl sie offensichtlich ihr Dasein genossen haben?

Vielleicht sind die Antworten darauf naheliegender, als man glaubt. Ist es nicht so, dass es auf jeder Party Menschen gibt, die gehen, noch bevor das Fest so richtig Fahrt aufgenommen hat? Niemand weiß, warum sie nicht weiter dabei sein wollten. Vielleicht gefiel es ihnen nicht so wie den anderen Gästen, die länger blieben. Aus irgendwelchen Gründen haben sie es sich plötzlich anders überlegt. Vielleicht hatten sie wichtige andere Dinge zu erledigen, von denen man nichts ahnt. Vielleicht reichte es ihnen, nur mal kurz vorbeizuschauen. Tausend Anlässe sind denkbar, weshalb jemand früher geht als andere. Müssen wir diese kennen? Würde das etwas ändern?

Könnte es nicht sein, dass es sich mit Menschen, die unsere Erde frühzeitig wieder verlassen, ähnlich verhält?

»Tod ist Ziel der Natur, nicht Strafe«, hat Marcus Tullius Cicero einst erkannt. Zügeln wir also unsere Gedanken, wenn diese dem Tod eine negative Bedeutung geben wollen, und schieben wir nicht einer höheren Intelligenz boshafte Motive unter.

Gesundheits-, Jugend- und Ewigkeitswahn

Es ist schön, gesund und munter zu sein. Die Jugend ist eine herrliche Zeit, aber auch das Alter hat jede Menge zu bieten. Beides hat Vor- und Nachteile. Allerdings werden bei der Jugend überwiegend die Vorteile wahrgenommen und beim Alter die Nachteile. Die Unselbstständigkeit der Kinder ist ein Riesennachteil und wird von diesen auch so empfunden, im Übrigen ebenso von ihren Eltern, weil sie den Kindern notwendigerweise zu Diensten sein müssen (sie zum Kindergarten bringen, sie ernähren und so weiter). Dennoch gilt die Jugendzeit als etwas Herrliches. Beim Alter ist das umgekehrt. Alte Menschen verfügen über sehr viel Erfahrung. Häufig sind sie finanziell abgesichert. Sie besitzen eine Menge Dinge, die die Jungen sich erst noch erarbeiten müssen. Das ändert nichts daran, dass alte Menschen in unserer Gesellschaft geringgeschätzt werden. Sie gelten als senil, debil und pflegebedürftig.

Das war nicht immer so und nicht in allen Gesellschaften. Junge Menschen waren von Machtpositionen häufig ausgeschlossen, weil man ihnen nicht zutraute, die Dinge zu regeln. Die Alten wurden verehrt. Ihnen durfte nicht widersprochen werden. Hängt die Verschiebung im Ansehen vielleicht davon ab, wie man über den Tod denkt? Alte Menschen stehen ihm näher. Wird der Tod negativ bewertet, färbt dieses Urteil auf die Alten ab. Gilt er als etwas Natürliches und grundsätzlich Akzeptables, wäre es kein Makel, alt zu sein. Dem Jugendwahn wäre die Grundlage entzogen. Selbstverständlich macht es Sinn und Spaß, sich körperlich und geistig fit zu halten. Bis ins hohe Alter entdecken Menschen Neues. Sie bleiben lern- und begeisterungsfähig. Die körperlichen Kräfte lassen nicht notwendigerweise nach. Das beweisen 100-Jährige, die noch ihre Farm selbstständig betreiben oder 85-Jährige, die sogar Marathon laufen. Solche Ausnahmen könnten sich immer stärker verbreiten und wenn nicht zur Norm so doch alltäglicher werden. Statt Wehwehchen sofort auf die Jahre zu schieben, wäre es besser zu gucken, ob der Lebensstil etwas damit zu tun haben könnte.

Trotz dieser sich abzeichnenden Möglichkeiten wäre es grundverkehrt, sich krampfhaft dagegen zu sperren zu erkranken, zu altern und zu vergehen. Gesundheit ist wie erwähnt nicht zwangsläufig die Abwesenheit von Krankheiten. Solange sie am Leben teilnehmen können, ist die Welt für die meisten in Ordnung. Wer ist schon hundertprozentig fit und gesund? Welche enormen Entwicklungsmöglichkeiten Menschen besitzen, zeigen diejenigen, die von Geburt an oder durch Unfälle körperlich oder geistig eingeschränkt sind.

Es ist okay zu altern. Alter ist kein Makel. Deshalb sind die zunehmenden Bemühungen, ein Leben lang jugendlich auszusehen, absurd. Außerdem sind sie zum Scheitern verurteilt. Die 70-Jährige, die die wallende Mähne ihrer Jugendtage konservieren will und von hinten im Halbdunkel tatsächlich fast wie 30 aussieht, macht ihre Vergänglichkeit nur umso krasser sichtbar. Ebenso wie der gleichaltrige Mann, der sich verzweifelt seine letzten Haarsträhnen über die Glatze kämmt, in Erinnerung an vermeintlich bessere Tage. Ganz zu schweigen von drastischeren Eingriffen, bei denen aufgepolstert, abgeschnitten und zurechtgenäht wird. Was dabei herauskommt, hat wohl Michael Jackson am schockierendsten demonstriert.

So ist das mit der Natur. Es gelingt nicht, die hinreißenden, kurzlebigen Kirschblüten über den Frühling hinaus zum Fortbestehen zu zwingen, nicht einmal, wenn man sie an den Zweigen festkleben würde. Und sind die reifen Kirschen des Herbstes nicht ebenso gut wie der Blütenzauber? Ist die Winterstille nicht ebenso notwendig wie das Sommersummen?

Alter ist sichtbar. Da helfen weder Faltencremes noch »Schönheits«-Operationen. Der Blick in den Spiegel täuscht. Dabei entgeht einem, dass das Alter sich vielmehr in den Bewegungen zeigt. Sie sind es vor allem, die einen jung oder alt erscheinen lassen. Junge Menschen, die einen steifen, hölzernen Gang haben und gebeugt daherkommen, wirken alt.

Dagegen verleiht beschwingtes Gehen eine gewisse Jugendlichkeit. Daher sollte, wer wirklich seine Jugend ein Stück weit bewahren will, nicht an sich herumschneiden lassen, sondern sich lieber viel bewegen.

Es ist okay zu sterben. Auch das ist kein Makel. Die Physik lehrt uns, dass Energie nicht verloren geht. Sie wird nur umgewandelt. Dass wir weiterexistieren, ist unbestreitbar. Die Frage ist nur, wie. Geburt und Tod markieren die Übergänge, das Sichtbar- und das Unsichtbarwerden. Werden, vergehen und werden …

Woher stammt das Misstrauen in diese natürlichen Veränderungen? Möglicherweise haben die Evolutionsforscher die Antwort gefunden. Sie meinen, das menschliche Gehirn sei vor allem dazu da, eventuelle Gefahren zu entdecken. Fehler, Probleme, Risiken, negative Ereignisse: Darauf würden Menschen sofort anspringen, weil ein einziger Fehler den Tod bedeuten könne. Daher rühre ihre Neigung, Schwierigkeiten überzubetonen und Veränderungen zu meiden. Was das Überleben betreffe, sei es von Vorteil, übervorsichtig zu sein. Mit dieser These lässt sich gut begründen, warum viele lieber in schlechten Verhältnissen ausharren. Sie tun es, weil sie befürchten, dass etwas Neues noch schlechter, womöglich tödlich sein könnte. So gesehen, sind Menschen von Natur aus konservativ.

Unbestritten ist dieser Erklärungsansatz nicht. Andere argumentieren, dass OptimistInnen generell erfolgreicher, gesünder und sozialer seien. Glückliche Menschen seien kreativer. Sie würden schneller Lösungen für Probleme finden, die die Pessimisten für unabänderlich hielten. Auch das lässt sich hören.

Klar ist jedenfalls, dass nicht alle das Misstrauen in Veränderungen teilen. Ein Teil der Menschen, wenn auch bisher der kleinere, hat gelernt, im Fluss der Lebensenergie mitzufließen und sich nicht dagegen zu sperren. Die Wagemutigeren bewältigen Trennungen, berufliche und private Umbrüche leichter als andere. Anpassungen an neue, veränderte Gegebenheiten gelingen ihnen müheloser. Sie initiieren Neuanfänge, suchen interessante Herausforderungen und gehen Risiken ein. Zu ihnen gehören viele Erfinder, Unternehmerinnen, Innovatoren, Künstlerseelen, Entdeckerinnen und Pioniere. Neugier, Spielfreude und Vertrauen sind einige der Eigenschaften, die es dafür braucht. Sind es nicht dieselben Fähigkeiten, die wir als Kinder alle besaßen? Wenige schaffen es, sich diese Einstellung bis ins hohe Alter zu bewahren. Doch ist dieses Können bei allen anderen nicht verlorengegangen, sondern nur verschüttet. Wer will, kann es neu beleben. Eines können wir Ihnen nahezu garantieren: Wenn Sie neugierig sind, Neues begrüßen, gern spielen und ab und zu voller Vertrauen den Sprung ins Ungewisse wagen, werden Sie Ihre Angst vor dem Tod weitgehend verlieren.

Diese Botschaft beinhaltet der zauberhafte Zeichentrickfilm *Noel*. Noel ist eine Christbaumkugel, die es liebt, jedes Jahr hervorgeholt und an den Weihnachtsbaum gehängt zu werden. Sie kann es kaum erwarten, die anderen Glasornamente und die kleine Spielzeugeisenbahn wiederzusehen, die ebenfalls das Weihnachtszimmer schmücken. Aber eines Tages, nach vielen, vielen Jahren ist Noel zwar immer noch so begeistert wie beim ersten Mal, aber leider zu fragil geworden. Beim Versuch, die Christbaumkugel am Tannenbaum zu befestigen, zerbricht sie. Was passiert nun? Die ganze in Noel gespeicherte Freude, die der Glasbläser einstmals in sie hineingelegt hatte, wird plötzlich frei. Sie ist nicht länger in der kleinen Kugel gefangen, sondern kann sich im ganzen Weltall ausbreiten. Sehenswert!

Die Hölle auf Erden

Wenn man sich anschaut, welch grausame Höllen-
vorstellungen die Menschen entwickelt haben,
braucht man sich über Todesangst nicht zu wundern. Diese Schreckensfantasien haben sich in das
kollektive Gedächtnis eingegraben. Zwar gibt es
auch Träume vom Paradies und von herrlichen
Gefilden im Jenseits, wo Wolf und Lamm friedlich
beieinander liegen und alle Wesen, die es bis hier-
her geschafft haben, in einem ewigen Freuden-
zustand existieren.

Aber wem gelingt es, diesen gesegneten Ort zu
erreichen? Und wer schafft es nicht? Wer wird zum
Teufel geschickt und wer muss in einem feurigen
Zwischenreich dahinvegetieren, bis die endgültige
Entscheidung über seinen dauerhaften Verbleib
getroffen wurde?

Machen wir die Probe aufs Exempel. Assoziieren
Sie einmal frei zum Begriff »Tod«. Was fällt Ihnen ein?
Wir würden tippen, dass es überwiegend negative
Vorstellungen sind, die Sie damit verbinden. »Hölle«
wäre vermutlich auch dabei, neben »Sensenmann«,
»Schmerz«, »Herzinfarkt« oder »Trauer«. Oder den-
ken Sie tatsächlich an »Freiheit«, »Grenzenlosigkeit«,
»Wiedersehen« oder »Frieden«?

Haben Sie jemals eine Person getroffen, die die Hölle mit eigenen Augen gesehen hat? Wir erwarten die Gegenfrage: »Haben Sie denn schon jemanden kennengelernt, der Ihnen vom Himmel oder dem Paradies aus eigener Anschauung berichten konnte?« Nein, das haben wir nicht. Aber eben weil wir (fast?) alle nicht wissen, was kommt, brauchen wir uns auch nicht verrückt zu machen, sondern können uns etwas Gutes oder das Nichts vorstellen. Schaffen Sie es, sich das Nichts vorzustellen? Und wenn ja, ist Ihr Nichts ein angenehmes oder ein unangenehmes Nichts?

Mit dem Tod ist es wie mit dem richtigen Leben: Die Zukunft ist ungewiss und sämtliche Prognosen werden früher oder später von der Wirklichkeit eingeholt. Schwarze Gedanken machen keinen Sinn. Sie beunruhigen, schwächen und bedrücken uns nur, statt uns zu motivieren. Die Zukunft ist das, was wir aus ihr machen. Sie überfällt uns nicht hinterrücks, sondern ist das Ergebnis unseres Denkens und Tuns. Gleiches gilt mit großer Wahrscheinlichkeit für den Tod. Wir sterben, wie wir gelebt haben, sagen uns kluge Ärzte und Ärztinnen sowie langjährige Hospizbeschäftigte. DEN Tod und DAS Sterben gibt es nicht. Wir werden nicht über einen Kamm geschoren, sondern erhalten eine Maßanfertigung. Leben wir vertrauens- und liebevoll, sind unsere Aussichten gut, uns auch in unseren letzten Stunden aufgehoben zu fühlen. Können wir loslassen und freien Herzens Abschied nehmen, stehen unsere Chancen auf einen leichten Tod gut. Können wir Frieden mit uns und der Welt schließen, ist nicht damit zu rechnen, einen harten Todeskampf zu erleben. Bauen wir uns und anderen keine Hölle auf Erden, dann erwartet uns diese auch nicht in einem wie auch immer gearteten Jenseits.

Der Tod als Freund

Angenommen, niemand würde sterben

Wir haben uns im letzten Kapitel mit den gängigen negativen Überzeugungen den Tod betreffend beschäftigt. Wer diesen Denkmustern folgt, kann gar nicht anders, als den Tod zu fürchten. Denn Sie wissen mittlerweile: Man fühlt so, wie man denkt. Auch wenn man im Eifer des Alltags oft den Eindruck gewinnt, von seinen Emotionen mitgerissen zu werden, ist diese Beobachtung unvollständig. Das Großhirn tut seine Arbeit auch dann, wenn wir glauben, »aus dem Bauch heraus« zu handeln. Jedem Gefühl geht ein entsprechender Gedanke voraus. Und unsere Gedanken bestimmen wir selbst. Wir müssen nicht alles für wahr nehmen, was uns durch den Kopf schießt, und haben entscheidenden Einfluss auf unsere Überzeugungen. Das funktioniert allerdings nur, wenn man achtsam ist und seine Selbststeuerung trainiert hat.

Das bedeutet auf den Punkt gebracht: Es ist möglich, so über das Sterben und den Tod zu denken, dass das Ergebnis zumindest Gelassenheit ist.

Eine Frage: Möchten Sie ewig leben? Oder wenigstens, sagen wir, 400 Jahre alt werden? Ja? Nein? Warum? Können Sie sich vorstellen, jemals genug zu haben, zum Beispiel wenn Sie bereits 2300-mal Silvester gefeiert oder 896-mal Ihren Urlaub auf Mallorca verbracht haben? Möchten Sie wirklich 84000-mal Pizza Funghi essen? Ahnen Sie, worauf wir hinauswollen?

Würden Sie gern unsterblich sein in einer Welt, in der alle anderen höchstens 120 Jahre alt werden? Wenn ja, wie sehen Sie sich im jugendlichen Alter von 387 Jahren zusammen mit Ihrer x-ten Familie (Ihre Erst-, Zweit- und Drittfamilie hat ja bereits das Zeitliche gesegnet)? Sehen Sie so aus wie heute oder ähneln Sie dann eher einer dieser riesigen, uralten Schildkröten?

Wie würde sich die Welt entwickeln, wenn alle Menschen unsterblich wären? Es wäre wohl ein ziemliches Gedränge, da ja ständig neue ErdenbürgerInnen nachkämen und niemand abträte. Johann Wolfgang von Goethe gewann dem Unvermeidlichen etwas ab durch den Gedanken: »Der Tod ist ein Kunstgriff der Natur, viel Leben zu haben.«

Was würden Sie mit Ihrem ewigen Leben anfangen, wenn Sie es denn hätten? Was könnten Sie tun, das Ihnen jetzt nicht möglich ist? Fallen Ihnen auch Nachteile eines ewigen Erdenlebens ein? Welche wären das? Was würden Sie tun, nachdem Sie alles zigfach erlebt hätten? Was genau beendet der Tod eigentlich? Stirbt nur der Körper, oder sterben auch Geist und Seele? Was ist der Mensch? Ist er sein Körper, sein Geist oder sein Besitz? Ist der Körper der Sitz des Bewusstseins? Ist das Bewusstsein überhaupt räumlich begrenzt? Der Tod wird von einigen als der »große Vernichter« angesehen. Stimmt das? Wirklich? Könnte es sein, dass unser Bewusstsein zwar die menschliche Existenz auf der Erde begleitet, aber darüber hinaus reicht? Was stirbt, wenn wir sterben?

Halten Sie die Schöpfung für gut? Gibt es für Sie überhaupt eine »Schöpfung«? Wenn Sie von einer Schöpfung ausgehen und diese gutheißen, ist es dann denkbar, dass der Tod schlecht ist, obwohl er zum großen Plan dazugehört?

Bestimmt haben Sie schon Menschen gekannt oder wenigstens von ihnen gehört, die ihren Tod als Erlösung empfunden haben. Können Sie sich dasselbe für sich auch vorstellen? Wann könnte das geschehen, oder warum schließen Sie dies aus?

BuddhistInnen sind von einer Wiedergeburt überzeugt. Diese besitzt für sie allerdings keinerlei Verheißung, sondern bedeutet, sich im Erdenleben bisher nicht ausreichend dafür qualifiziert zu haben, endlich das Nirwana zu erreichen. Für alle, die das Leben vornehmlich als leidvoll empfinden, scheint das folgerichtig.

Kinder haben eine andere Vorstellung vom Tod als Erwachsene. Oft glauben sie, dass nach dem Ableben etwas Neues und Schönes beginnt. Martina Plieth hat in ihrem Buch *Tote essen auch Nutella – Die tröstende Kraft kindlicher Todesvorstellungen* eindrucksvoll von solchen Fantasien berichtet. Sind diese lediglich mit dem anderen Zeitbegriff, den kleinere Kinder besitzen, zu erklären? Oder steckt mehr dahinter? Ist es nicht bemerkenswert, dass eine Dreijährige am Bett des neugeborenen Geschwisters steht und zu diesem sagt: »Erzähl mir von der anderen Welt, ich habe sie schon fast vergessen«, wie Joseph Bailey in seinem Buch *Furchtlos leben* berichtet?

Sich von den in unserer Gesellschaft üblichen Denkweisen über den Tod zu befreien, ist ungewöhnlich. Aber niemand ist gezwungen, das, was kollektiv überliefert wurde, ein Leben lang zu glauben.

Erinnern Sie sich, dass Sie Familientraditionen, die Ihre Eltern Ihnen beibrachten, bewusst geändert haben? Meist sind dies Aha-Erlebnisse, die man im Gedächtnis behält. Manche entschließen sich, ihre Kinder anders zu erziehen, als sie selbst es erlebt haben. Andere finden heraus, dass bestimmte Geschichten, die in der Familie ein ums andere Mal erzählt wurden, nicht der Wahrheit entsprechen. Oder sie sind es leid, sexuell so verklemmt oder auch so ausschweifend zu leben wie ihre Eltern. Hat man nicht schon zahlreiche Überzeugungen über alles Mögliche revidiert? Denken Sie nicht in vielem anders als Ihre FreundInnen oder Verwandten? Wie könnte Ihre persönliche Erzählung über den Tod aussehen, bei der sie sich wohlfühlen?

Tatsächlich sind doch die gängigen Überzeugungen, Sterben und Tod betreffend, auch nur Ideen, Fantasien oder Erwartungen. Wenn man ehrlich ist, muss man zugeben, dass nichts davon selbst erlebt ist. Dabei ist die eigene Erfahrung doch die verlässlichste Erkenntnisquelle. Aber beim Tod muss man (vorerst) passen. Man weiß es einfach nicht. Warum sich also eine trübsinnige Geschichte erzählen?

Falls Sie sich entschließen, ab jetzt anders über die Endlichkeit der irdischen Existenz zu denken, müssen Sie damit rechnen, dass Ihr Umdenken Zeit braucht. Ihre alten Denkgewohnheiten sind beharrlich. Die Gedankenimpulse folgen spontan den Nervenverbindungen, die am stärksten ausgebildet wurden. Erst wenn Sie das neue Denken immer wieder bevorzugen, ändern sich die Strukturen im Gehirn. Das Alte wird ungewohnt, das Neue die Regel.

Erwarten Sie also nicht zu schnell zu viel. Aber vielleicht lassen Sie öfter einmal die Idee in Ihren Kopf, dass der Tod Ihr Freund sein könnte.

Von Grenzen befreit

Viele Menschen hegen den Traum vom Fliegen aus eigener Kraft. Haben Sie sich auch schon einmal in Ihren Tag- oder Nachtträumen über eine Landschaft segeln sehen und dabei die Leichtigkeit des Seins genossen? Wenn nicht, probieren Sie es aus. Es ist ganz einfach: Versetzen Sie sich in einen Vogel Ihrer Wahl und gleiten Sie über die unter Ihnen liegende Natur. Was sehen Sie dabei? Was fühlen Sie? Warum fällt es den meisten so leicht, sich das vorzustellen? Kennen wir diese freie Art der Fortbewegung von früher oder nehmen wir etwas, das kommen wird, vorweg? Wer weiß! Möglicherweise ist der Tod völlig anders, als man sich das normalerweise vorstellt.

Folgt auf die irdische Existenz eine, die von Grenzen gänzlich befreit ist? »Wohin geht das Bewusstsein nach dem Tod?«, wurde ein Heiliger gefragt. »Es hat es nicht nötig, irgendwohin zu gehen!«, antwortete er. Aus diesen Worten spricht eine angenehme Unaufgeregtheit. Sind Menschen vielleicht nur deswegen auf der Welt, um die Erfahrung von Grenzen zu machen?

Könnte es so gewesen sein: Die Götter saßen zusammen und langweilten sich. Schließlich kamen sie auf die Idee, ein neues Spiel zu erfinden. Da sie allmächtig, allwissend, allgegenwärtig und unsterblich waren, bestand der maximale Reiz für sie darin, genau das Gegenteil auszuprobieren. Wie fühlt es sich an, nur eine stark eingeschränkte Kontrolle über die Welt zu haben, in der man lebt? Dem Wechsel von Tag und Nacht, der Hitze des Sommers, der Kälte des Winters, dem Beben der Erde, den Ausbrüchen der Vulkane, der Gewalt der Ozeane und der Urwälder ausgeliefert zu sein? Was wäre das für ein Erlebnis, die Gesetze des Universums nur bruchstückhaft zu kennen, egal wie viel man lernt? Indem sie Raum und Zeit schufen, setzten die Götter und Göttinnen die Unendlichkeit und die Ewigkeit in dieser Sphäre außer Kraft. Außerdem waren sie sich einig, dass diese kleine Spielzeugwelt sich ständig ändern muss, damit es garantiert spannend bleibt. Was für eine Idee! Die Götter waren begeistert. Nun mussten sie nur noch eines tun: sich in diese Welt begeben. Dafür entwickelten sie den Vorgang der Geburt. Bedingung war, dass sie als Menschen niemals wissen dürften, wer sie eigentlich sind. Sonst wäre der Reiz dahin. Eine Hintertür ließen sie sich aber offen. Sie wollten nicht für immer in dieser begrenzten Welt bleiben. Deshalb erfanden sie den Tod. Durch ihn hatten sie die Gewissheit, dass sie in ihre grenzenlose Existenz zurückfinden konnten, egal welche Erfahrungen sie auf der Erde machen würden. Wenn ihnen die menschliche Existenz gefiele, könnten sie sie jederzeit wiederholen, und wenn das Menschsein keinen Spaß machen würde, wäre es nur vorübergehend. Oder liegt der Reiz gerade im Wechsel? Wir werden sehen …

Jedenfalls sind die Regeln dieses Spiel – wenn es denn eines ist – super ausgedacht. Jeder kann beweisen, wie clever, unbeirrbar, kreativ oder lernfähig er oder sie ist. Verschiedene Geschlechter zu schaffen, war übrigens noch so eine geniale Idee der Götter. Man kann Allianzen mit seinen Mitspieler-Innen bilden und sich miteinander messen. Wer ist die Schönste, der Stärkste, die Schnellste – oder der

Dümmste? Es gibt jede Menge Überraschungen (Unfälle, Glücksfälle, Einfälle, Reinfälle und so weiter), und die Emotionen schlagen so manches Mal hohe Wellen (jedenfalls so lange man keine Ahnung hat, wo die Gefühle herkommen). Alles dreht sich, alles bewegt sich: Was zu einem richtig guten Spiel dazugehört, ist vorhanden. Ohne die vielfältigen Hürden wäre das Ganze ziemlich fade. Wüssten wir von vornherein, dass es ein Spiel ist und wie es ausgeht, würden wir uns ebenfalls langweilen. Und der Tod? Niemand darf wissen, wie lange es dauert. Sonst fehlt die Spannung. Seine Bedeutung muss rätselhaft scheinen; denn eigentlich ist er der Schlüssel zum Verständnis des Spiels. Ein bisschen Angst vor dem Sterben muss auch sein. Ohne sie kämen zu viele auf die Idee, das Abenteuer vorzeitig zu beenden. Und das wäre schade und gar nicht im Sinne der Erfinder.

Es heißt auch, der Tod sei des Schlafes Bruder. Dieser Vergleich scheint äußerst zutreffend. Ebenso wie man sich jede Nacht in den Schlaf fallen lässt, rechtschaffen müde und wohlig weggetreten, kann man auch das Sterben als etwas betrachten, das ganz selbstverständlich und entspannt vonstattengeht.

Schlafen Sie gern? Fällt es Ihnen leicht, einzuschlummern? Oder wälzen Sie sich oft unruhig von rechts nach links und schaffen den »Absprung« einfach nicht?

Ist es nicht so, dass man vor allem dann quälend wach liegt, wenn man sich über Kommendes sorgt oder Vergangenes nicht loslassen will? Liegt vielleicht der Schlüssel zu einem entspannten Tod in der gleichen Fähigkeit begründet, die es uns ermöglicht, abends sanft zu entschlummern?

Nicht bestimmen, sondern erlauben. Nicht tun, sondern lassen. Nicht wollen, sondern zu Willen sein. Das sind alles nicht besonders geschätzte Fähigkeiten in der heutigen Zeit. Aber man könnte sie wieder erlernen und sich an die frühesten Tage erinnern, an denen man geschützt und geborgen nicht viel mehr tat, als zu schlafen und sich in diesem Zwischenreich am Übergang von Tag und Traum frei und voller Zutrauen zu bewegen.

Gemäß den Spielregeln sind Menschen ständigen Veränderungen unterworfen und erleben dauernd Neues. Aber ebenso wenig, wie jemand in den letzten Tagen des dreiwöchigen Sommerurlaubs auf Usedom verzweifeln und der Rückkehr nach Hause mit Schaudern entgegensehen muss, braucht man panisch auf die Gewissheit des Todes zu reagieren. Vielleicht ist ein gewisses Bedauern zu spüren, dass eine erlebnisreiche Reise endet. Aber freut man sich nicht auch wieder auf das, was danach kommt? Es passiert ja nichts Schlimmes.

Kennen Sie den Woody-Allen-Film *Hannah und ihre Schwestern*?

Mickey, von Allen gespielt, leidet unter Hypochondrie und mag sich nicht mit seiner Endlichkeit abfinden. Er probiert verschiedene Religionen aus, in der Hoffnung, darin Trost zu finden. Ohne Erfolg. Als er seinen Vater fragt, warum dieser angesichts der Tatsache des Todes so heiter sei, teilt der ihm mit: »Wer denkt schon an so einen Unsinn? Jetzt lebe ich. Wenn ich tot bin, bin ich tot. Wer weiß, was sein wird? Entweder bin ich bewusstlos oder nicht. Wenn nicht, werde ich mich dann damit beschäftigen.«

Der Tod begrenzt die Freiheit. Aber gerade seine Unausweichlichkeit kann einem helfen, im Leben das Wesentliche vom Unwesentlichen zu unterscheiden. Wer ewig lebt oder 400 Jahre alt würde, wäre noch stärker in Versuchung, seine Zeit mit Nebensächlichkeiten zu füllen, anstatt sich auf das Wichtige zu konzentrieren. Der Tod kann den Sinn dafür schärfen, was bedeutsam und was unerheblich ist. Ein Fleck auf dem Teppich oder eine Beule im Auto ist so gesehen eigentlich nicht wichtig, oder?

Einige empfinden es als beruhigend, dass sie irgendwann – wenn ihre Zeit gekommen ist – einfach alles zurücklassen dürfen, ihre Verpflichtungen, ihre Sorgen und Nöte, ebenso wie die nur zum Teil ausgefüllte Steuererklärung und den halbfertig gestrickten Schal. Man zieht sozusagen leise die Tür hinter sich zu und braucht vorher nicht mehr aufzuräumen. Andere können besser »schlafen«, wenn sie »ihr Feld bestellt« haben. Die Übergabe der Firma hat geklappt, das Haus ist grundrenoviert. Ein »sauberer« Abgang: Nur die Zahnpastatube ist gerade erst angebrochen.

Wie ist das bei Ihnen? Wünschen Sie sich einen plötzlichen Tod oder einen, bei dem Sie Zeit haben, alles zu regeln? Beides hat Vor- und Nachteile. Es gibt Menschen, die sich nach einem köstlichen, wenn auch etwas reichhaltigen Mahl für einen Mittagsschlaf zurückziehen und nicht mehr aufwachen. Oder die nach dem Jogging etwas müde sind und sich einen Moment hinlegen wollen, aber nie wieder aufstehen. (Bei der Gelegenheit: Wie lebt man ewig? – Morgens nie vergessen, aufzustehen.) Und dann sind da diejenigen, die froh sind, das Aufgeschobene erledigen zu können, die es gerade noch schaffen, ihren Lieben zu sagen, wie wichtig diese für sie waren, oder im letzten Moment dort, wo es nötig ist, Reue zu zeigen.

Kürzlich ging durch die Medien, dass eine 87-Jährige Kontrabassistin mitten in einem ihrer Konzerte verstorben ist. Sie spielte zusammen mit einem Kollegen gerade den Song »There's no business like show business«. Professionell bis in die Haarspitzen. Nein, das meinen wir überhaupt nicht spöttisch. Wir finden es wunderbar, wenn jemand bis zum letzten Moment das tut, was er oder sie so sehr liebt. Allerdings relativiert die Musikerin damit die Aussage des Schauspielers George Burns: »Ich kann nicht sterben. Ich bin gebucht.« Stimmte auch bei ihm nicht ganz, aber immerhin wurde er 100 Jahre alt.

Noch eine Frage: Würden Sie gern den genauen Zeitpunkt Ihres Todes wissen? In dem ausgezeichneten Film *Das brandneue Testament* veröffentlicht Gottes Tochter alle von ihrem Vater festgesetzten Todestage. Wie die Menschen damit umgehen, ist sehr vergnüglich und spannend mitanzusehen.

Sieht man es den Toten an, dass sie von Grenzen befreit wurden? Max Frisch hat darüber Folgendes geschrieben: »Kein Antlitz in einem Sarg hat mir je gezeigt, dass der eben Verstorbene uns vermisst. Das Gegenteil davon ist überdeutlich.« Um die Toten müssen wir nicht bangen, sagt er. Heißt das nicht auch, dass wir uns um unseren eigenen Tod keine Sorgen machen müssen?

Weder plötzlich noch unerwartet

Unsere einzige Gewissheit ist der Tod. Wer geboren wird, wird sterben. Trotzdem ist eine der häufigen Floskeln in Todesanzeigen »plötzlich und unerwartet«. Ja sicher, den genauen Zeitpunkt seines Todes kennt man nicht, und es kommt vor, dass Menschen sterben, die glaubten, noch viele Jahre vor sich zu haben. Deshalb ist es von Vorteil zu leben, als würde man 100 Jahre alt, und gleichzeitig darauf vorbereitet zu sein, täglich von der Erde zu verschwinden. Dieses Denkmodell ist ebenfalls eines, das einem den gelassenen Umgang mit der Endlichkeit erleichtern kann.

Der Tod ist nicht so exzeptionell, wie es auf den ersten Blick scheint. Er stellt nur eine der vielen Endlichkeiten des Lebens dar. Nie wieder ein Sommer 2015, nie wieder 21 sein, nie mehr Rom sehen, nicht mehr erwerbstätig sein. Alles, was einen Anfang hat, hat auch ein Ende. Menschen treten in unser Leben und wieder hinaus. Ereignisse kommen und gehen vorüber.

Sieht man sein Leben als eine Art Auftritt an, wie im Theater, kann man eine grandiose Performance hinlegen oder sich unauffällig im Hintergrund halten, ganz wie es einem gefällt. Die Regisseurin gewährt viel Freiraum bei der Auslegung unserer Rolle. Man muss nur mit eigenen Ideen aufwarten. Man verbeugt sich und bekommt – oft unabhängig von seiner Leistung – Applaus oder Buhrufe. Jenseits der Bühne weiß man nicht, ob man noch einmal ein Engagement bekommt oder ob die Karriere beendet ist. Wir sind fahrendes Volk, heute hier, morgen da. Reisen mit leichtem Gepäck. Wo ist das Problem?

Und auch wenn Sie eines Tages nicht mehr gebucht werden: War es nicht ein tolles Spektakel, als Sie die Lady Windermere gegeben haben oder den Hamlet oder Puck, den Kobold? Einmalige Gastspiele haben ihren besonderen Reiz.

Sie wissen ja: Der Nachwuchs drängt und möchte endlich auch einmal auf den Brettern stehen, die die Welt bedeuten. Er strebt wie wir nach den Hauptrollen und muss doch widerwillig mit Nebenrollen zufrieden sein. Die JungschauspielerInnen möchten auch mal den Bösewicht oder die Heilige spielen und dabei den Spaß genießen, den Sie bereits hatten. Seien Sie fair, und geben Sie den anderen eine Chance!

Vielleicht gibt es ein unerwartetes Comeback, obwohl Sie schon dachten, jetzt sei die Chose endgültig vorbei. Aber man muss stets damit rechnen, dass der letzte Vorhang fällt.

Vorbereitung ist auf jeden Fall alles. Und da nur unbedarfte SchauspielerInnen an die Floskel

»plötzlich und unerwartet« glauben, werden Sie bestens vorbereitet sein, oder?

Aber vorher kosten Sie Ihr Leben hier aus. Was wollten Sie schon immer gern machen? Tun Sie es! Jetzt! Wann hätte sich Ihr Leben erfüllt? Ohne was wäre es irgendwie unvollständig? Legen Sie los! Machen Sie heute den ersten Schritt. Es wäre doch wahnsinnig schade, wenn Sie bei Ihrer Beerdigung feststellen müssten: Verdammt, da fehlte noch etwas Wichtiges!

In der indischen Weisheitslehre des Yoga, von der wir im Westen häufig nur einige Körperverrenkungen kennen, sind den Lebensaltern bestimmte Aufgaben zugeteilt. Sich diese zu vergegenwärtigen, ist nützlich für das richtige Timing. Nicht dass Sie meinen, es handele sich dabei um Vorschriften. Individualität hat Vorrang. Andererseits verhindert das Bewusstsein um die natürliche Folge der Lebensphasen, ständig zur falschen Zeit am falschen Ort zu sein. Die Yogis gehen davon aus, dass der erste Lebensabschnitt bis zum Alter von 20 Jahren dem Lernen gilt, der zweite Abschnitt bis zum Alter von 40 Jahren dient der Familiengründung, und danach steht die spirituelle Entwicklung des Menschen im Vordergrund.

Man sollte es sich daher lieber dreimal überlegen, ob man mit 50 in die Familienphase einsteigen möchte, und ob es wirklich nötig ist, mit 25 die Spitze der Karriereleiter zu erklimmen. Gerade heute stellen nicht wenige die Reihenfolge der natürlichen Lebensphasen auf den Kopf. Sie ziehen mit 20 ins Zen-Kloster, zeugen mit 50 Kinder und gründen mit 70 ihr erstes Start-up-Unternehmen. Das geht. Die Reproduktionsmedizin vollbringt wahre Wunder. 65-Jährige werden Mutter, 70-Jährige tauen ihre Samenspenden auf und sind (wieder) Papa. Man darf nur nicht die Anstrengung vergessen, die damit verbunden ist, wenn man der Natur ein Schnippchen schlagen möchte. 30-Jährige leiden normalerweise nicht unter Erektionsstörungen, 60-Jährigen fällt es leichter, ein ganzes Wochenende auf dem Meditationskissen zu verbringen. Die Lebensphasen bringen ihre jeweiligen Vorteile und Wohltaten mit sich, die man genießen kann. Die Sorge, dass der Spaß zu kurz kommt, ist unbegründet: Jedes Lebensalter hat die passenden Genüsse. Nur wer ständig dem nachtrauert, was nicht mehr ist und seine Zeit damit verschwendet, Vergangenes zurückholen zu wollen, macht sich sein Leben schwer. Denn es gibt eine einfache Regel: Wer klammert, hat keine Hand frei für das Gute, das gerade um die Ecke biegt.

Wozu die Todesangst gut ist

Einen Gedanken, den wir bereits auf den vorange-
gangenen Seiten hier und da haben aufschimmern
lassen, möchten wir jetzt genauer beleuchten. Er wirft
ein anderes Licht auf die so ungeliebte Todesangst.
Sie hat zwar eine Menge Nachteile, doch soll ein
wichtiger Vorteil nicht unbeachtet bleiben.

Stellen Sie sich einen jungen Mann vor, der gerade
seine Schulausbildung beendet hat und eine Lehr-
stelle sucht. Er träumt davon, Tischler zu werden, liebt
den Geruch von frischem Holz, fährt gern mit den
Fingern über eine warme, samtige Tischplatte und
hat sich bereits einen Teil seiner wenigen Möbel selbst
gebaut. Er bewirbt sich bei über 80 Betrieben, wird
aber wegen seiner schlechten Schulnoten überall
abgelehnt. Als er gerade deprimiert die x-te Absage in
seinen Bewerbungsordner heftet, erreicht ihn eine
Nachricht seiner Freundin. Sie teilt ihm mit, dass alles
aus ist und sie jetzt mit seinem besten Freund geht.

Gäbe es keine Todesangst, würden sich etliche
Menschen aufgrund von Dingen, die ihnen schon ein
halbes Jahr später als unerfreulich, aber erträglich
erscheinen werden, das Leben nehmen. Gerade
junge Leute, die naturgemäß unerfahren sind und
oft impulsiv handeln, wären gefährdet.

Wie hätten Sie das Universum konzipiert, wenn Sie die Gelegenheit dazu gehabt hätten? Vermutlich ebenso wie die Kraft, die allen Wesen den Willen zu leben und darüber hinaus noch eine ordentliche Portion Scheu, wenn nicht deutliche Angst vor dem Tod eingepflanzt hat. Diese »Erfindung« verhindert zwar nicht absolut, dass Menschen sich selbst töten. Gerade bei jungen Menschen sind Suizide neben Verkehrsunfällen die häufigste Todesursache, was vor allem daran liegt, dass tödliche Krankheiten bei ihnen selten auftreten. Aber die Angst vor dem Tod erhöht die Schwelle und lässt uns vor diesem Schritt zurückschrecken. Es ist nicht ungewöhnlich, dass Menschen in Krisen daran denken, allem ein Ende zu machen. Fast jeder wird, wenn er oder sie auf ihr Leben zurückschaut, solche dunklen Momente erinnern. Später sind diese schwarzen Gedanken oft kaum noch nachvollziehbar. Das Gewitter ist längst vorüber. Der Himmel hat sich entgegen den Befürchtungen wieder aufgehellt.

Es ist bekannt, dass Suizide zu einem nicht geringen Teil Hilferufe sind. Die Betroffenen möchten ihr Leben weiterführen, wenn sie denn eine Möglichkeit sähen, ihre Probleme zu überwinden und wirksame Unterstützung dabei fänden. Oft ist diese Hilfe in Reichweite. Deswegen ist es perfekt eingerichtet, dass die Angst vor dem Sterben in der Regel größer ist als die Unlust weiterzumachen.

Überhaupt haben negative Gefühle ganz zu Unrecht einen schlechten Ruf. Ihnen kommt die wichtige Aufgabe zu, uns als Kompass und Alarmanlage zu dienen. Sie machen sich bemerkbar, wenn wir uns vom Lebensglück entfernen oder Gefahren unterschätzen. Allerdings muss die Alarmanlage richtig justiert sein, damit sie ihre optimale Wirkung entfaltet. Alarmanlagen, die ständig losheulen, ohne dass eine reale Gefahr besteht, nerven, rauben einem Energie und brauchen dringend eine Reparatur. Bei einigen Menschen geht die Sirene bereits los, wenn sie nur etwas Neues wagen möchten, das sie ihrem Ziel in Wahrheit näherbringen würde. Mit Testfragen wie: »Besteht wirklich eine Gefahr, oder ist die Situation nur ungewohnt? Gilt das, was ich vorhabe, allgemein als riskant?«, kann man den Alarm richtig einstellen. Dann wird die Angst zur Freundin, ebenso wie der Tod zum Freund werden kann. Man respektiert reale Gefahren, entwickelt aber keine Panik aus irrationalen Gründen.

Auf jeden Fall ist der Tod – richtig betrachtet – ein hilfreicher, freundlicher Mahner, der darauf hinweist, dass das Leben endlich ist und wir die Freuden des Daseins genießen und sie nicht bis in alle Ewigkeit aufschieben sollten.

Geht uns der Tod überhaupt etwas an?

Haben Sie sich je Gedanken darüber gemacht, was vor Ihrer Geburt gewesen sein mag? Beunruhigt es Sie, darüber nichts Genaues zu wissen? Was haben Sie in den letzten sieben Nächten geträumt? Wo waren Sie am 23. Mai 1984, und warum dort und nicht irgendwo anders?

»Nicht die Dinge selbst, sondern die Meinungen darüber beunruhigen die Menschen«, hat der Philosoph Epiktet gesagt. Wie recht er hatte.

Man kann aus allem ein Problem machen. Aber man kann es auch sein lassen. Obwohl einem vieles rätselhaft vorkommen mag, muss man sich vor dem Unbekannten nicht zwangsläufig fürchten, sondern kann es mit großer Zuversicht auf sich zukommen lassen. Wie sagte Mickeys Vater in *Hannah und ihre Schwestern* über den Tod: »Entweder bin ich bewusstlos oder nicht. Wenn nicht, werde ich mich dann damit beschäftigen.«

Bei Meinungsumfragen wird neben den Möglichkeiten »Ich bin dafür« und »Ich bin dagegen« auch die Alternative »Das kann ich nicht beurteilen« bzw. »Weiß nicht« angeboten.

Es ist einfach so, dass man vieles nicht weiß oder nicht beurteilen kann. Dennoch scheuen sich viele, dies zuzugeben. Sie wollen den Eindruck vermeiden, sie seien dumm und ungebildet. Dafür gäbe es eigentlich keinen Anlass, denn die Weisen dieser Welt sind sich darüber einig, dass wahres Wissen darin besteht, sich seines Unwissens ebenso bewusst zu sein wie seines Wissens.

Die Haltung »Ich nehm's, wie's kommt« nimmt angesichts des üblichen Machbarkeitswahns rapide ab. Dabei liegt in dieser Einstellung nichts Resignatives, sondern eher Vertrauen von der Sorte: »Es ist noch immer gut gegangen«. So gesehen ließe sich der Tod durchaus als etwas betrachten, das einen nichts angeht. Man lebt sein Leben und lässt ihn gelassen auf sich zukommen.

So geht man am besten mit allen Änderungen, Übergängen, Neustarts und Transformationen um, die man während seiner Existenz erlebt. Warum sich ständig sorgen? Warum mit den Gedanken dauernd in der Zukunft sein? Man lebt einfach hier und jetzt. Je mehr einem das gelingt, desto entspannter ist man.

Kommen wir noch einmal auf Woody Allen zurück. Er sagt, dass er über Menschen staune, die das Universum begreifen wollen, wo es doch schon schwer genug sei, sich in Chinatown zurechtzufinden. Das ist genau, was wir meinen. Menschen haben eigentlich genug damit zu tun, ihren Alltag zu bewältigen. Warum sich auch noch mit der Welt im Allgemeinen und dem menschlichen Dasein im Besonderen befassen? »Hamset nich kleina?«, würde die Berlinerin fragen.

Von einem, der nicht wusste, dass das Sterben viel Spaß machen kann

Darf man Witze über den Tod machen? Offensichtlich ja. Denn es gibt eine Menge davon.

Ich (R. G.) erinnere mich gut an ein Gespräch in meinem Elternhaus. Mein Vater hatte einige Zeit vorher eine Krebsdiagnose erhalten. Auf dem Röntgenbild gab es bereits eine Menge Knochenmetastasen zu sehen. Er fühlte sich aber nach wie vor vital und unternehmungslustig. Meine Mutter, die immer darum gerungen hatte, als Ehefrau ebenso sichtbar zu sein wie der beruflich erfolgreiche Mann, sagte eines Tages, dass sie im nächsten Telefonbuch endlich selbst mit Namen und Adresse auftauchen wolle. Mein Vater quittierte diesen Wunsch mit einem trockenen: »So oder so.« Alle lachten herzlich.

Ich habe es damals als ausgesprochen erleichternd empfunden, dass so unverblümt über den Tod gesprochen werden konnte und sogar Scherze erlaubt waren. Der nicht mehr ferne Tod meines Vaters hat nicht dazu geführt, dass die Familie nur noch gedämpft – wenn überhaupt – über das Unvermeidliche sprach. Es stimmte ja: Meine Mutter konnte sich entweder zusätzlich in das Telefonbuch eintragen lassen, oder sie würde es ohnehin tun müssen, weil sie bis zum Erscheinen des neuen Telefonbuchs Witwe geworden war. Humor kann traurige Dinge erträglicher machen. Oft liegen im Leben Tragisches und Komisches dicht beieinander.

Verstehen Sie uns bitte nicht falsch. Falls Ihnen gerade kein bisschen nach Lachen zumute ist, ist das völlig in Ordnung. Wir möchten niemandem das Lachen, aber auch keinem das Weinen verbieten. Beides hat seine Berechtigung und seinen Platz im Leben. Uns geht es nicht darum, Gefühle zu unterdrücken. Kein Gefühl ist »negativ«. Wir möchten aber deutlich machen, dass man über den Tod nicht traurig sein MUSS.

Menschen sind nur dann wirklich frei, wenn sie auf äußere Ereignisse so reagieren können, wie sie es für angemessen halten, wie es zu ihren höchstpersönlichen Bedürfnissen passt. Es gibt zwar Traditionen und Konventionen, wie man angesichts bestimmter Vorkommnisse zu denken, fühlen und handeln hat. Solche Soll-Vorschriften begrenzen jedoch die individuelle Verarbeitung der Geschehnisse und tun der Seele gar nicht gut. Mutiger und zugleich heilsamer ist es, authentisch zu bleiben, das heißt, keine Gefühle vorzutäuschen, die überhaupt nicht vorhanden sind, aber auch keine Gefühle zu unterdrücken, die jemand anderes für unschicklich halten könnte.

Soll das heißen, dass Sterben sogar Spaß machen kann?

Der US-amerikanische Schriftsteller, Kolumnist und Pulitzer-Preisträger Art Buchwald (1925–2007) hat diese Frage bejaht. Gegen Ende seines Lebens war er schwer nierenkrank, entschied sich jedoch gegen eine Dialyse, weil er diese als eine einzige Qual empfand. Außerdem musste ihm ein Bein amputiert werden. Da seine Ärzte ihm nur noch wenige Wochen gaben, zog er in ein Hospiz. Dort bekam er viel Besuch von Freunden und Weggefährten, die sich von ihm verabschieden wollten. Er wurde umsorgt und gefeiert. Inmitten von Blumensträußen, Corned-Beef-Sandwiches und Käsekuchen ging es ihm immer besser. Deshalb begann er ein neues Buch zu schreiben mit dem Titel *Ich hatte keine Ahnung, dass Sterben so viel Spaß machen kann.* Fünf Monate später hatte sich sein Gesundheitszustand derart positiv entwickelt, dass er das Hospiz wieder verlassen musste. Er starb erst wenige Wochen nach Fertigstellung seines Manuskriptes.

Was ist schlimmer als der Tod?

Gehen Sie gern zur Zahnärztin? Wenn nicht, was tun Sie, um sich den Besuch so angenehm wie möglich zu machen?

Wahrscheinlich suchen Sie sich die kompetenteste und netteste Ärztin aus, die Sie finden können, mit einem Team und einer Praxis, wo Sie sich wohl-fühlen. Vielleicht kaufen Sie sich vor oder nach der Behandlung einen bunten Blumenstrauß oder etwas anderes, das Ihnen Freude macht. Auf dem Weg erzählen Sie sich eventuell noch eine schöne Geschichte, wie Sie bald wieder mit gesunden und gepflegten Zähnen durch die Welt gehen werden. Denn noch schlimmer, als zum Zahnarzt zu müssen, wäre es, außerdem noch schlechte Laune zu haben.

Schmerz gehört zum Leben dazu. Man muss ihn nicht lieben, sollte ihn aber auch nicht hassen. Hass führt immer zu körperlichen und seelischen Ver-krampfungen. Wenn wir ihn hassen, fügen wir dem unvermeidbaren Schmerz vermeidbaren Stress hinzu. Dasselbe gilt für die Gefühle gegenüber dem Tod.

Eines Tages werden wir sterben. Die meisten finden das schrecklich. Aber noch viel schlimmer wäre es, sterben zu müssen und ein Leben lang panische Angst davor zu haben.

Der buddhistische Mönch Bhante Wimala hat sich wunderbare Gedanken zu dem Thema gemacht: Er bedauert, dass man uns nicht beigebracht habe, die Unausweichlichkeit des Todes mit Gleichmut aufzunehmen. Deshalb hätten wir keine gute Art entwickelt, uns zu verabschieden. Wie wäre es, fragt er, wenn wir im Augenblick des Todes von glücklichen, gelassenen Menschen umgeben wären, anstatt von zornigen, verängstigten oder traurigen? Wimala sieht den Tod nicht als Gegensatz zum Leben, sondern als dessen Teil. Das bedeutet: Die, die den Tod ablehnten, hätten auch das Leben nur zum Teil angenommen. Da der Tod etwas Natürliches sei und wir gegen die Natur nicht ankämen, könnten wir nur in der Akzeptanz Frieden finden. Das Lebensende zu betrauern, sei erlernt. Kinder ahmen das Denken, Fühlen und Verhalten der Erwachsenen nach. Jeder könne jedoch später die traditionelle, deprimierende Einstellung zum Tod überwinden und eine gelassene, friedliche und würdevolle Haltung einnehmen.

Auf einem Flug von Bangkok nach Sri Lanka hatte er Gelegenheit, dem Tod mit einem Lächeln auf den Lippen zu begegnen. Wegen eines Triebwerkschadens verlor die Maschine ständig an Höhe. Das Flugzeug wendete. Erklärungen bekamen die Passagiere nicht. Viele waren außer sich vor Angst und Wut, auch sein

Sitznachbar. Wimala entschied sich, den Tumult nicht weiter zu beachten, sondern bewusst seinen Körper zu entspannen und zu lächeln. Frieden breitete sich in ihm aus.

Dem Kapitän gelang es, auf einem nahegelegenen Flughafen sicher zu landen. Beim Verlassen des Flugzeugs fragte der Sitznachbar den Mönch, ob dieser nicht ganz richtig im Kopf sei. Alle hätten bei dem Zwischenfall draufgehen können, er aber habe gelächelt. Wimala lächelte wieder und sagte, dass er sich nicht über den möglichen Absturz lustig gemacht habe, sondern nur für den Fall der Fälle glücklich und in Frieden sterben wollte, anstatt mit Angst im Herzen und einem Schrei auf den Lippen.

Vielleicht fragen Sie sich nun, wie Sie diese wunderbare Seelenruhe erreichen können. Sie sind weniger weit davon entfernt, als Sie glauben. Es sind nur ein paar Gedanken, die zwischen der Todesangst und dem Seelenfrieden liegen. Wir wiederholen es gern: Man fühlt so, wie man denkt. Todesangst beginnt im Kopf. Dort können Sie sie beenden. Der Schlüssel dazu sind Ihre Gedanken, noch besser gesagt: Ihre Überzeugungen.

Wie denkt ein Mensch, der solche Seelenruhe entwickelt hat wie Bhante Wimala? Vielleicht so:

Ich lebe ein gutes Leben, egal wie lang es sein wird. Ich akzeptiere, dass mein Leben eines Tages, in naher oder ferner Zukunft, an ein Ende gelangt, auch wenn ich gerne noch weiterleben möchte. Ich bin zuversichtlich, dass etwas Gutes auf mich wartet, auch wenn ich noch nicht weiß, was. Ich glaube, dass ich mit dem, was kommen wird, umgehen kann. Ich weiß, dass die Menschen, die mir nahestehen und mich vermissen werden, wieder froh werden können. Ich bin bereit.

Interessant sind auch die Ausführungen von Bhante Wimala über Himmel und Hölle. Wer Glück, Frieden und Harmonie erlebe, befinde sich im Himmel. Umgekehrt sei man in der Hölle, wenn man im Leid lebe und sterbe. Himmel und Hölle seien geistige und emotionale Zustände, die jeder in seinem Leben selbst erschaffe. So hat es auch der englische Dichter John Milton (1608–1674) gesehen: »Der Geist kann aus einer Hölle ein Paradies und aus einem Paradies eine Hölle machen.«

So gesehen sind die äußeren Umstände wirkungslos. Mögen diese mit dem Körper machen, was sie wollen. Der Geist ist frei. Jemand, der in einer Luxusvilla wohnt, erlebt vielleicht nie einen himmlischen Zustand. Andererseits kann jemand, der stirbt, im Paradies sein, sofern er es mit einem Lächeln auf den Lippen tut.

Das versteht man nicht, wenn man das Schicksal des Körpers mit dem des Geistes verbindet. Deshalb haben Materialisten solche Mühe mit dem Tod, aber auch mit dem Leben. Für sie sind körperliche Dinge alles. Erlangen sie sie nicht, leben sie in der Hölle. Ohne den Körper endet die Existenz. Den Geist leugnen die Grobstofflichen energisch. Mehr als das Gehirn können sie nicht sehen. Deshalb haben Visionen, Utopien, Fantasien bei Materialisten einen so schlechten Ruf. Die geistige Welt ist ihnen fremd. Dabei beginnt alles mit einem Gedanken. Kein Haus ohne Bauplan, kein Buch ohne Idee und keine Zukunft ohne Vision.

Das Johannesevangelium beginnt mit dem Satz: »Am Anfang war das Wort.« So jedenfalls die Einheitsübersetzung. Im Original heißt es: »Am Anfang war *Logos*.« Was ist *Logos*? Das Wort? Gott? *Logos* kann auch »Geist« oder »Gedanke« bedeuten. War am Anfang vielleicht ein Gedanke? Beginnt alles mit dem Geist? Wie gesagt: Für Materialisten ist das nicht vorstellbar. Es ist, als spräche man zu Fischen über ein Leben außerhalb des Wassers. Keine Chance. Aber allen anderen möchten wir sagen: Das Schlimmste, was Ihnen im Leben passieren kann, ist ein negativer Gedanke.

Wie immer Sie das hinbekommen: Wenn Sie Ihre negativen Überzeugungen über den Tod aufgeben und durch positive ersetzen, werden Sie nur noch so viel Angst vor dem Sterben haben, wie es für das Leben förderlich ist.

Aber zurück zu Bhante Wimala: Mindestens genauso wesentlich wie die Frage, wie man am besten die letzten Minuten vor einem Flugzeugabsturz verbringt, ist die, wie man das Leben genießen kann, obwohl man sterben muss.

Vielen Menschen gelingt dies nicht. Sobald ihnen klar wird, dass es den Tod gibt und dass dieser ausnahmslos für alle gilt, verlieren sie den Glauben an das Leben. Sie halten es für einen schlechten Scherz, eine sinnlose Quälerei, ein grausames Spektakel. Woody Allen, der seine Todesangst zum Lebensthema gemacht hat, sagt, die Welt sei eine Komödie, erdacht von einem sadistischen Komödienschreiber. Allen macht keine Witze. Er meint es ernst. Am liebsten, sagt er, würde er ausschließlich Tragödien drehen. Nur folge ihm sein Publikum dabei nicht. Deshalb mache er weiter überwiegend Komödien, wenn auch oft mit einem düsteren Unterton.

In einem Dokumentarfilm über seine Person jammert und klagt er darüber, sterblich zu sein. Seine Erfolge, die er seit Jahrzehnten erzielt, der Luxus, in dem er sich bewegt, seine junge Ehefrau, die ihn liebt, können ihn vor seinem abgrundtiefen, existenziellen Pessimismus nicht schützen. Seine Ablehnung des Todes legt sich wie Mehltau auf all das Schöne und Gute, das ihm im Leben widerfährt. Allen selbst bezeichnet das, woran er leidet, als Anhedonie, die Unfähigkeit, Lebensfreude zu empfinden.

Kann man im Angesicht des Todes gelassen bleiben? Ist es möglich, anders mit dem Tod umzugehen, als ihn zu verdrängen? Was kann man tun, um sich nicht durch Todesangst das Leben zu verleiden? Lassen sich das Leben und der Tod miteinander versöhnen?

Für Bhante Wimala ist der Tod ein Freund, für Woody Allen ein Feind. Der eine fühlt sich durch die Endlichkeit des Lebens in keinster Weise beeinträchtigt, der andere verliert gleich die ganze Lebenslust. Es ist allein der Geist, der den Unterschied macht.

Was also ist schlimmer als der Tod? Düstere Gedanken über ihn.

Zeit ohne Grenzen

2017, oder im Jahr 228 der Freiheit

Viele haben das Gefühl, dass ihnen die Zeit davonläuft und sie ihnen mit dem Tod endgültig abhanden-
kommt. Aber was ist das überhaupt: Zeit? Der
Kirchenlehrer und Philosoph Augustinus hat die
vielleicht beste Antwort darauf gefunden: »Wenn
mich niemand danach fragt, weiß ich es; will ich es
einem Fragenden erklären, weiß ich es nicht.«

Zeit scheint etwas zu sein, das sich Erklärungen
genauso entzieht wie der Tod oder das Leben. Sie ist
im Grunde rätselhaft. Zwar haben Physiker, Philo-
sophinnen, Biologen, Soziologinnen, Kulturwissen-
schaftler und andere nicht gezögert, ihre eigenen
Antworten zu geben, aber je mehr man davon liest,
desto mehr gewinnt man den Eindruck, dass jeder
sich seinen eigenen Begriff davon macht und sie sich
letztlich nicht definieren lässt.

Zeit wird subjektiv wahrgenommen. Manchmal kommt es einem so vor, als rase sie, ein andermal wirkt es so, als stehe sie still. Selbstverständlich kann man sie messen, heute in Zehntel-, Milli- oder noch kleineren Einheiten von Sekunden. Ein Jahr geben wir mit 365 Tagen an. Das stimmt aber schon nicht so ganz, denn ab und zu müssen wir einen 366. Tag einschieben. Pech für alle, die am 29. Februar geboren sind: Sie können leider nur alle vier Jahre Geburtstag feiern. Ein Beispiel für die vielen Ungereimtheiten, die uns im Zusammenhang mit der Zeit begegnen.

Ein Film von Rainer Werner Fassbinder heißt *In einem Jahr mit 13 Monden*. Wann mag das gewesen sein? Jedes Jahr hat zwar dreizehn Mondzyklen, es gibt aber häufiger Jahre mit zwölf als mit dreizehn Vollmonden. Das ist jedem, der einen Mondkalender benutzt, geläufig. Die meisten orientieren sich an Jahren, die zwölf Monde / Monate haben.

So genau wie wir haben es die Menschen früher nicht genommen. Sie trafen sich, »wenn die Sonne am höchsten steht«, »der erste Schnee fällt«, »nach 70 Sonnenaufgängen« oder eben »in fünf Monden«. Deshalb spielte es für sie auch keine große Rolle, wann genau jemand geboren wurde. Irgendwann, wenn die Eltern in der Stadt waren, meldeten sie die Geburt ihres Kindes an. Dass sie sich dabei um ein paar Jahre vertaten oder der Staatsdiener eine falsche Zahl eintrug, störte kaum jemanden.

Die Zeitrechnung ist, abgesehen von den natürlichen Zyklen wie Tag/Nacht oder den Jahreszeiten, ohnehin höchst willkürlich. Im Jahr des Erscheinens dieses Buches schreiben wir das Jahr 2017 nach Christus. Nach dem islamischen Kalender wäre es das Jahr 1438, während die Juden allen anderen mit dem Jahr 5777 weit voraus sind. Die verschiedenen Kulturen ticken offenbar ganz unterschiedlich.

Hätten sich die französischen Revolutionäre auf Dauer und weltweit durchgesetzt, lebten wir dagegen alle im Jahr 228 der Freiheit. Aber was heißt das schon?

Fortschritt oder Kreislauf

Die Zeit läuft nur ab, wenn man von einer linearen Zeitvorstellung ausgeht und die Uhr entsprechend deutet. In unserer Kultur sind wir es gewohnt, uns die Zeit auf einer Achse vorzustellen. Sie beginnt in der Vergangenheit, durchschneidet die Gegenwart und läuft dann weiter in die Zukunft. Anfang und Ende setzen eine Zeitlinie voraus, obwohl die verschiedenen Zeitrechnungen zeigen, dass es relativ beliebig ist, wann man sie beginnen lässt.

Zu den gewohnten Vorstellungen gehört es auch, von »Fortschritt« zu sprechen. Wir meinen, ihn daran messen zu können, dass das Pferd durch das Automobil ersetzt wurde oder die Wohnungen heute in der Regel mit einem Bad ausgestattet sind. Daraus schließen wir, dass wir uns »weiterentwickeln«, und fühlen uns früheren Kulturen und fernen Völkern überlegen. Bei näherer Betrachtung kommen einem dabei jedoch Zweifel. Waren nicht gerade die Agrargesellschaften »nachhaltig« und »zukunftsfähig«, besaßen sie nicht genau die Eigenschaften, die wir uns für die nächste Zeit vorgenommen haben? Plastikmüll, »havarierte« Atomkraftwerke und tödliche Chemikalien: Sind dies nicht ebenfalls »Errungenschaften« der Moderne?

Stellt man sich die Zeit als einen Kreislauf vor, gibt es keinen Fortschritt, keinen Beginn und kein Ende. Die Menschen hatten früher Probleme. Sie haben heute welche und werden sich auch morgen mit solchen herumschlagen müssen. Die Dinge ändern sich, aber ob sie besser oder schlechter werden, ist keines ihrer objektiven Merkmale, sondern eine Frage des Standpunkts. Ebenso sind Glück, Gelassenheit und Liebe keine Erfindungen der Neuzeit, sondern Gefühle, die Menschen schon vor Jahrtausenden erlebten. Das Wesentliche scheint sich nicht zu ändern.

Könnte es nicht sein, dass das Leben, ja, die gesamte Existenz sich auf Kreisbahnen bewegt? Dass auch Geburt und Tod nur relativ beliebige Punkte im Dasein darstellen, die wir als Beginn und Ende deuten, während sie »in Wirklichkeit« nur Übergänge in einem zeitlosen Kontinuum sind? Was ist die Wirklichkeit? Verändert sie sich zusammen mit dem Bewusstsein?

Die umgekehrte Zeit

Zeitrechnungen sind ziemlich beliebig. Ob man sich den Verlauf der Zeit linear oder kreisförmig vorstellt, ist Ansichtssache. Nur die Richtung, in die das Leben verläuft, scheint eindeutig: vorwärts.

Obwohl ich (T. H.) mich nicht für Science-Fiction-Literatur interessiere, war ich fasziniert, als mir ein Schulfreund von einem utopischen Roman erzählte, den er gerade gelesen hatte. In der Welt dieser Geschichte lief die Zeit rückwärts, mit gravierenden Konsequenzen. Menschen kamen folgendermaßen auf die Welt: Die Familie, Freunde und Bekannte des Ankömmlings fuhren auf den Friedhof, gruben eine Leiche aus und brachten sie ins Krankenhaus. Begleitet von der tiefen Trauer seiner

Nächsten kam der »Neugeborene« langsam zu Bewusstsein. Es konnte Wochen oder Monate dauern, bis er das Krankenhaus verließ und allmählich zu Kräften kam. Der neue Erdenbürger war zwar immer noch nicht besonders leistungsfähig und hatte viele Falten im Gesicht, aber mit jedem Jahr ging es ihm besser. Nach seiner Pensionierung befand er sich auf dem Höhepunkt seiner beruflichen Karriere. Leider ließen seine Kenntnisse und Fähigkeiten im Laufe der Jahrzehnte merklich nach, bis er sich in einer Phase namens Ausbildung wiederfand, die verbunden war mit dem vollständigen Verlust seiner beruflichen Talente.

Die Ehe in dieser Welt, in der die Uhren rückwärts liefen, nahm einen ähnlich merkwürdigen Verlauf. Das Paar, das ein tiefes Verständnis füreinander besaß und zahlreiche Erinnerungen miteinander teilte, war zunächst auf den Radius ihrer Wohnung beschränkt. Dann unternahmen sie jedoch mehr und mehr Reisen. Auch ihr Sexualleben wurde immer aktiver. Finanziell waren sie am Anfang gut gestellt. Doch die Mittel wurden mit der Zeit weniger. Sie verfügten schließlich nur noch über schmale Praktikantengehälter. Am Ende sahen sie sich seltener, obwohl sie heftig ineinander verliebt waren. Dann verloren sie sich ganz aus den Augen.

Auch der Tod hatte in dieser Welt ähnlich groteske Züge. Der Mensch wurde kleiner und kleiner, bis er vollkommen pflegebedürftig war. Er konnte nicht mehr sprechen und auch nicht mehr laufen, sondern lag den ganzen Tag in Kinderwagen oder in einer Wiege. Eines Tages nahmen ihn seine Eltern und fuhren mit ihm in eine Klinik. Während einer höchst unangenehmen, blutigen und äußerst schmerzhaften Prozedur wurde der Säugling in den Bauch der Mutter gepresst. Diese musste das Baby neun Monate in sich tragen. Danach hatte ihr Leibesumfang wieder normale Maße. Die Ärztin stellte die Empfängnis fest und damit endete das Leben des Erdlings endgültig.

In den letzten Jahren hatte der Mensch in dem utopischen Roman sich allerdings zunehmend mit der Frage beschäftigt: Ist dieses irdische Dasein alles oder gibt es ein Leben vor der Geburt?

Vor der Geburt

Nach christlicher Vorstellung beginnt die Existenz eines Menschen erst mit seiner Geburt bzw. mit der Empfängnis. Es gibt nur dieses eine Leben. Gott erschafft jeden Einzelnen und bestimmt auch nach dem Tod das weitere Schicksal, wobei die Zeit auf der Erde entscheidend berücksichtigt wird (Himmel oder Hölle).

Ein ganz anderes Weltbild haben beispielsweise die Buddhisten. Für sie ist die gegenwärtige Existenz nur eine unter vielen. Wo, wann und unter welchen Umständen sie geboren werden, hängt von ihren früheren Leben ab. So sind Erinnerungen an oder Mutmaßungen über das vorgeburtliche Dasein nicht ungewöhnlich.

Personen in unserer Kultur, die behaupten, sie wüssten, wer sie in anderen Leben einmal waren, gelten den meisten dagegen als verrückt. Selbst diejenigen, die sich nicht als Christen bezeichnen würden, teilen den traditionellen Glauben. Daran kann man sehen, wie tief kollektive Überzeugungen alle Mitglieder einer Gesellschaft prägen. Solche Einstellungen werden in einem Alter übernommen, in dem man über diese Dinge nicht nachdenkt. Egal ob die Erwachsenen einem vom Weihnachtsmann, dem Osterhasen oder dem Klapperstorch erzählen: Man glaubt ihnen einfach alles. Dass der von Mama geschiedene Papa ein fieser Kerl ist, gilt als sicher, zumindest solange, bis man die Familiensaga hinterfragt und sich ein eigenes Bild macht.

Was die Zeit vor und nach Ihrer Geburt betrifft, so wäre es noch wichtiger, dass Sie sich Ihr eigenes Bild machen. Wer hat Ihrer Meinung nach recht? Das Christentum, der Buddhismus, das Judentum, der Islam oder der Taoismus? Halten Sie die Hypothesen der Naturwissenschaften für wahr?

Es ist heute relativ leicht, über den Tellerrand seiner Religion oder Kultur hinauszusehen. Informationen über die zahlreichen Weltanschauungen findet man mit Leichtigkeit im Internet oder in Büchern. Solche Vergleiche können hochinteressant sein und das eigene Denken enorm bereichern.

Was meinen Sie? Wurden Sie durch Zufall ins Leben gebracht? Ist dies Ihr erstes (und einziges) Leben? Gab es Sie schon mal? Wann? Wo? Wie könnten frühere Leben die Wahl Ihrer jetzigen Eltern und die Lebensumstände bei Ihrer Geburt mitbeeinflusst haben? Was ließe sich durch vorangegangene Existenzen erklären, was sonst unerklärlich ist, zum Beispiel Talente, Gewohnheiten und Neigungen?

Belastet Sie die Frage: Was war vor der Geburt? Wenn ja, warum? Falls nein, warum nicht?

Wie es nach dem Tod weitergeht

Geht es weiter?

Nach einer 2015 veröffentlichten, repräsentativen Umfrage der Bertelsmann Stiftung glauben zwei Drittel der Deutschen, dass es ein Weiterleben nach dem Tod gibt. Über die Art und Weise gehen die Meinungen aber auseinander. Während die einen annehmen, dass die Toten wiederauferstehen, gehen andere von der Unsterblichkeit der Seele oder von einer Wiedergeburt aus. Auch der Grad der Überzeugung ist unterschiedlich: Je ein Drittel aller Deutschen glaubt »sehr« oder »ziemlich«, »mittel« oder »wenig« bzw. »gar nicht« daran.

In Ostdeutschland erwarten nur 40 Prozent ein Weiterleben (13 Prozent fest), in Westdeutschland dagegen 75 Prozent (38 Prozent fest). Unterschiede sind auch bei der Altersverteilung festzustellen:

41 Prozent der Menschen unter 30 sind von einer Fortdauer der Existenz sehr oder ziemlich fest überzeugt, aber nur 32 Prozent derjenigen über 60. (Nimmt der Glaube an ein Weiterleben mit dem Alter ab oder wird er sich, angefangen bei den Jüngeren, in Zukunft weiterverbreiten?)

Wie fest sind die Religionsangehörigen in ihrem Glauben? 70 Prozent der evangelischen Kirchenmitglieder nehmen zumindest »mittel« oder »wenig« an, dass es nach dem Tod weitergeht, bei den katholischen sind es sogar 85 Prozent. Noch stärker ist diese Überzeugung mit 90 Prozent bei den in Deutschland lebenden MuslimInnen, 74 Prozent halten ein Weiterleben für »sehr« oder »ziemlich« wahrscheinlich.

Eine andere Umfrage der Gesellschaft für Konsumforschung aus dem Jahr 2009 kam jedoch zu anderen Ergebnissen. Danach bejahten zwei Drittel aller Deutschen über 14 Jahren die Aussage, dass das Dasein mit dem Tod ende und der Mensch höchstens noch in den Erinnerungen anderer oder teilweise in den eigenen Kindern »weiterlebe«. 58 Prozent sagten, dass sie sich über den Tod und was danach kommen möge noch keine Gedanken gemacht hätten. 34 Prozent gestanden Angst vor dem Tod ein.

Wie erklären sich die doch recht erheblichen Unterschiede in den Umfragen? Beide nehmen für sich in Anspruch, repräsentativ zu sein. Hat sich zwischen 2009 und 2015 so viel verändert? Liegt es daran, dass Umfragen generell suggestiv wirken, indem die Interviewer bestimmte Fragen stellen und sogar eine Auswahl an Antworten vorgeben? Vermutlich trifft Letzteres zu.

Stark verallgemeinernd könnte man sagen, dass ein Teil der Bevölkerung in irgendeiner Form an ein Weiterleben nach dem Tod zumindest ein wenig glaubt und ein anderer Teil solche Vorstellungen komplett ablehnt, unabhängig vom Wohnort und vom Alter. So viel weiß man auch ohne Umfragen. Es ist schwer, genau zu quantifizieren, wie viele Menschen welchen Standpunkt einnehmen. Man kann wohl davon ausgehen, dass sich die Ergebnisse von Tag zu Tag verschieben, da manche ihre Meinung gerade ändern.

Sie können sich also völlig frei fühlen, Ihre eigene Ansicht zu dem Thema zu vertreten. In jedem Fall befinden Sie sich in guter Gesellschaft.

In der spirituellen Krise

Es sei dahingestellt, ob es tatsächlich 58 Prozent der Deutschen waren, die sich 2009 über den Tod und ein eventuelles Weiterleben noch keine Gedanken gemacht hatten. Es dürfte in jedem Fall eine größere Zahl sein. Sonst wäre kaum zu erklären, dass der Tod für viele so »plötzlich und unerwartet« zu kommen scheint.

Die mangelnde Bereitschaft, sich rechtzeitig mit der Endlichkeit auseinanderzusetzen, birgt Risiken. Denn früher oder später wird man garantiert mit der eigenen Sterblichkeit oder der seiner Liebsten konfrontiert. Dann kann man in eine spirituelle Krise geraten. Die existenziellen Fragen – Wer bist du? Wo kommst du her? Warum bist du hier? Wo gehst du hin? – stellen sich in solchen Augenblicken in voller Schärfe und treffen die Menschen gänzlich unvorbereitet. Da es in Krisensituationen komplizierter ist, Antworten zu finden, als in ruhigen Momenten, fallen einem gelassene Schlussfolgerungen doppelt schwer. Möglich sind sie jedoch immer.

Weil es so wichtig ist, wiederholen wir es hier ein weiteres Mal: Der Tod an sich ist nicht das Problem. Es kommt darauf an, wie man darüber denkt. Negative Überzeugungen können Trauer, Depressionen,

Ängste, Panik, Wut und Zorn auslösen. Positive Vorstellungen erleichtern den Umgang mit dem Sterben. Gelassenheit, Liebe und sogar Freude bleiben dann dem Bewusstsein zugänglich. Es lohnt also, sich rechtzeitig Gedanken über den Tod zu machen, bevor das Leben die Tragfähigkeit der persönlichen Antworten abfragt. Nicht wenige empfinden die Schule als hart, weil sie mit so vielen Prüfungen verbunden ist. Das Leben selbst kann aber noch härter sein. Es fragt nicht, ob man gut vorbereitet ist und seine Lektionen gelernt hat. Es bringt einen einfach in schwierige Situationen. Ausreden helfen überhaupt nicht weiter. Durchmogeln geht auch nicht. Am Tod kommt keiner vorbei.

Wo hast du denn gelebt?, will das Leben wissen. Hast du nie mitbekommen, dass Menschen sterben? Hast du dich zu keiner Zeit gefragt, was dein Dasein bedeutet? Nein? Dann tu es jetzt! Es gibt für dich viel zu entdecken. Wenn du die richtigen Antworten findest, mit deinem Verstand und deinem Herzen, wirst du die Angst vor dem Tod und auch die vor dem Leben verlieren. Das ist nicht einfach. Aber habe ich dir versprochen, dass es leicht sein wird?

Natürlich kann man in seinem Leben lange Zeit verbringen, ohne sich zu fragen, was das alles soll.

Aber dann dringt der Tod eines Tages in den eigenen Alltag, und die existenziellen Fragen stellen sich doch. Sie tauchten schon vorher gelegentlich auf, aber es war leichter, diese wegzuschieben.

Die Welt, wie man sie in seiner Vorstellung pflegte, bekommt durch die Gegenwart des Todes plötzlich Risse. Die materiellen Dinge, an die man sich geklammert hat, bieten keinen Halt mehr. Die Kontrolle, die man über Menschen, Dinge und Ereignisse mehr oder weniger erfolgreich ausgeübt hat, entfaltet keine Wirkung mehr. Der Tod ist nicht beherrschbar. Man kann das Gefühl haben, dass einem der Boden unter den Füßen weggerissen wird. Die spirituelle Krise, auch wenn man sie vielleicht nicht als solche bezeichnet, ist mit einem Mal da.

Mit dem Einmaleins kommt man nicht weit

Szenenwechsel: Erinnern Sie sich an die Mengenlehre im Mathematikunterricht? Zu unangenehm, zu schwierig? Keine Sorge, wir erklären es so, dass es jeder verstehen kann, und Sie werden gleich merken, worauf wir hinauswollen.

Wir beschränken uns hier auf drei Zahlenmengen: die natürlichen, die ganzen und die rationalen Zahlen. Die natürlichen Zahlen lernt man zuerst kennen. Man kann sie an den Fingern einer Hand abzählen: 1, 2, 3, 4, 5, 6, 7, 8, 9, 10. So geht es dann unendlich weiter. Nach 1 243 569 kommt 1 243 570. Das sind die natürlichen Zahlen. Mit ihnen rechnet es sich auch ohne Taschenrechner relativ leicht, jedenfalls, solange sie im zweistelligen Bereich bleiben. Fünf minus zwei: Kein Problem, das ergibt drei.

Etwas schwieriger wird es mit den ganzen Zahlen. Hier kommen zu den positiven Zahlen die negativen hinzu: −1, −2, −3 und so weiter. Man braucht sie, wenn man eine Rechnung wie zehn minus zwölf gleich minus zwei ausführen will. Damit entfernt man sich noch nicht allzu weit von der normalen Erfahrungswelt. Wenn Ihnen eine Freundin 10 Euro borgt und später nochmal 20, dann stehen Sie auf ihrem Konto mit 30 Euro in der Kreide, und zwar mit −30. Im Bereich der natürlichen Zahlen wäre eine Rechnung wie 15 − 50 nicht durchführbar. Negative Zahlen sind den natürlichen unbekannt.

Richtig schwierig wird es aber erst mit den rationalen Zahlen. Wie viel ist 8 geteilt durch 22? Hier würden die meisten zum Taschenrechner greifen. Ein Ergebnis wie 0,3636... ist schon sehr merkwürdig. Etwas besser sieht es aus, wenn man eine Salamipizza in fünf Stücke teilt. Dann bekommt jeder ein

Fünftel oder anders ausgedrückt: 0,2 Pizza. Mit den rationalen Zahlen betritt man also die Welt der Brüche. Ohne sie wären Rechnungen wie 9 geteilt durch 17 undurchführbar. Man hätte keine Antwort auf die Frage nach dem Ergebnis.

Was hat das mit dem Weiterleben nach dem Tod zu tun? Nehmen wir mal an, dass die natürlichen Zahlen die Lebensjahre auf der Erde darstellen. Wenn eine Person 45 Jahre alt ist, wo war sie dann vor 90 Jahren? Das sprengt die Vorstellungswelt der meisten Menschen. Solange man sich auf die »natürliche«, sichtbare, sinnliche Welt bezieht, kann man Fragen, die auf Zeiten vor der Geburt zurückgehen, nicht beantworten. Hält man jedoch für möglich, dass es ein Leben vor der Geburt gibt, könnte man beispielsweise sagen, dass die Person in einer anderen Welt war. Die Menge der natürlichen Zahlen ist eine Teilmenge der ganzen Zahlen. Ebenso wäre dann das Leben auf der Erde der eine Teil der ganzen Existenz.

Fragen wir weiter: Wenn die Person 70 Jahre alt ist, wo wird sie dann in 100 Jahren sein? In der »natürlichen« Welt gibt es keine Antwort darauf. Man muss möglicherweise mit Brüchen rechnen. Der Tod ist mit Sicherheit ein solcher Bruch. Er verändert die Existenz dramatisch. Aber stellt er wirklich das

Ende dar? Das Ende wovon? Die natürlichen Zahlen enden an der Schwelle der rationalen Zahlen. Könnte es nicht sein, dass wir lernen müssen, mit anderen Welten zu rechnen?

Viele tun dies bereits. Wenn man den Meinungsumfragen glauben will, nehmen bis zu zwei Drittel der Menschen in Deutschland an, dass es in irgendeiner Form ein Weiterleben nach dem Tod gibt. Weltweit dürfte die Mehrheit davon ausgehen, dass die Existenz über das irdische Dasein hinausgeht. Allein in den beiden bevölkerungsreichsten Ländern zweifeln nur wenige am Weiterleben. In Indien ist der Hinduismus die verbreitetste Religion. Die Wiedergeburt ist ein zentraler Bestandteil dieser Weltanschauung. In China, das mit 1,4 Milliarden an der Spitze der Liste der bevölkerungsreichsten Nationen steht, ist die Ahnenverehrung auch heute noch ein natürlicher Teil des alltäglichen Lebens, wie übrigens auch in verschiedenen Regionen Afrikas. Viele Menschen dort sind sich ihrer Wurzeln noch bewusst. Möglicherweise hängt das unter anderem damit zusammen, dass die ChinesInnen einer jahrtausendealten Kultur angehören, während die EuropäerInnen sich überwiegend als Angehörige irgendeines Teilstaates begreifen, dessen Geschichte allenfalls ein paar Jahrhunderte zurückreicht.

Den Tod verstehen in unserer Kultur viele als Grenze. Die Vorstellung von Grenzen erschwert das Rechnen, das Zusammenleben und das Verständnis der menschlichen Existenz.

Eine Erweiterung des Bewusstseins würde es jedoch ermöglichen, sonst unlösbare Probleme zu lösen. Würden die Menschen sich insgesamt als eine Familie betrachten, wäre mehr Solidarität denkbar. Ebenso bekäme der Tod eine andere Bedeutung, wenn wir lernen würden, in größeren Zusammenhängen zu denken.

Vorurteile gegen MystikerInnen

Könnte es sein, dass Menschen bereits auf der Erde in verschiedenen Welten leben? Nehmen wir unsere Umwelt nicht aus völlig unterschiedlichen Perspektiven wahr? Militärs beispielsweise sehen überall Feinde. Sie fühlen sich bedroht und überlegen ständig, gegen wen sie sich verteidigen müssen oder wen sie angreifen sollten, um sich dessen Bodenschätze zu sichern. Das Werk von Soldaten wirkt auf die meisten Menschen abstoßend (Zerstörung, Mord, Folter, Vergewaltigung, Besatzung, Unterdrückung). Künstlerinnen dagegen haben einen besonderen Sinn für Schönheit. Farben und Formen, Klänge, Melodien, Rhythmen, Düfte, Bewegungen, Geschmacksrichtungen: Das alles spricht sie besonders an. Künstler zerstören nicht, sie gestalten. Ihr Werk zieht andere an (Ausstellungen, Konzerte, Filme, Architektur, Romane, Ballett). Die Welt der Militärs und der Künstler könnte unterschiedlicher nicht sein.

In ganz verschiedenen Bewusstseinszuständen leben auch die Materialisten und die Mystiker. Für die einen existiert nichts, außer dem, was sie sehen, hören, anfassen, riechen und schmecken können. Die Vorstellung eines Jenseits oder eines Gottes erscheint ihnen absurd. Urknall, schwarze Löcher, Zellen, Organe, Gehirn, Reptilien, Insekten, Kupfer, Iridium, Elektrizität, Magnetismus: das alles können sie sich noch vorstellen, aber sonst nichts. Bestimmte Drüsen sondern Spucke ab, einige Hirnareale Gedanken. Das war's. Was angeblich darüber hinausgeht, erscheint MaterialistInnen absurd, verrückt und irreal.

MystikerInnen glauben auch nicht an Gott. Sie wissen vielmehr, dass es ihn gibt, weil sie seine Gegenwart spüren. Für sie ist Gott, anders als im Volksglauben, allerdings kein alter Mann mit Bart und auch keine Göttin mit großen Brüsten. Vielmehr stehen sie in Verbindung mit einer unendlichen Kraft, die intelligent und liebevoll ist. Wenn sie ihr Fragen stellen, erhalten sie Antworten. Verlieren MystikerInnen diesen Kontakt, sind sie tief unglücklich und verzweifelt. Normalerweise sind sie nämlich mit Gott auf du und du. Oft bezeichnen sie dieses Verhältnis als die größte Liebesbeziehung ihres Lebens. Nicht selten sind sie deshalb ekstatisch, verzückt und schwärmerisch. Sie fließen vor Freude über.

Das macht sie den MaterialistInnen suspekt. Da für diese das Leben ein Kampf ist, verstehen sie nicht, wie man von der Schöpfung so hingerissen sein kann. MaterialistInnen leiden unter der Welt. Sie empfinden die Existenz als eine Last, nur gelegentlich kurz unterbrochen von Momenten des Glücks. Davon abgesehen fühlen sie sich in ihr Dasein geworfen, in dem sie keinen Sinn entdecken, außer vielleicht, so viel Geld, Gold und Macht anzuhäufen, wie man bekommen kann. Jenseits des irdischen Lebens tut sich für sie nur ein schwarzer Abgrund auf, und das lässt sie nicht zur Ruhe kommen, egal womit sie sich abzulenken versuchen.

Eine Verständigung zwischen den Materialist-Innen und den MystikerInnen ist kaum möglich. Diese haben das Gefühl, mit Unwissenden zu sprechen, und jene glauben, es mit Übergeschnappten zu tun zu haben: harmlos, aber nicht mehr zu retten.

Der Unterschied zeigt sich auch deutlich darin, wie beide die Dinge ins Verhältnis setzen. Materialisten denken reduktionistisch. Für sie ist das Gehirn nicht mehr als eine Ansammlung von Nervenzellen, das Leben ein Albtraum. Nicht mehr, nur das. Das ist typisch für ihre Sichtweise. Ein Glas Wasser ist für sie stets halb leer. MystikerInnen dagegen sehen immer über das Gegenständliche hinaus. Für sie gibt es mehr als den Körper, mehr als die irdische Existenz, mehr als diese eine Welt. Gott ist größer als alles, was man sehen, hören, fühlen, riechen, schmecken und denken kann. Der Tod ist eine Illusion, wie so vieles, was die MaterialistInnen für die Wahrheit halten.

Manche Mystiker wie Jesus werden zu Gründern neuer Religionen. Dabei sollte man sie nie mit ihren Nachfolgern verwechseln. Zu den Kennzeichen wahrer MystikerInnen gehören die Liebe zu allen Menschen, zur Schöpfung und vor allem zu Gott, also genau die Eigenschaften, die den Religionsverwaltern meist fehlen.

Wie weiß man, ob man ein/eine MystikerIn ist? Das ist gar nicht so einfach zu begreifen. Manche sind es von Anfang an. Sie scheinen nie den Kontakt zur anderen Welt verloren zu haben. Mit der Zeit fällt ihnen und ihrer Umwelt auf, dass sie irgendwie anders sind. Oft versuchen sie, »normal« zu werden, was nur zu inneren und äußeren Kämpfen führt. Ein Coming-out ist unvermeidlich.

Andere haben ein Erweckungserlebnis, das mit unfassbarer Glückseligkeit verbunden ist. Es kann vorübergehend sein oder unbegrenzt anhalten. Mit diesem Zufluss an Energie und Freude müssen sie häufig umgehen lernen.

Stellen Sie sich vor, Sie wachen auf und ihre Gefühlswelt ist komplett auf den Kopf gestellt. Sie fühlen sich geborgen, bedingungslos geliebt und erfüllt von einer Freude, die nicht von dieser Welt ist. Mehr noch: Sie sehen ihre Umgebung mit völlig neuen Augen. Die Farben strahlen. Was Ihre Ohren aufnehmen, hört sich wie Musik an. Sie platzen fast vor Energie. Auch ohne viel Schlaf fließt Ihnen ständig neue Kraft zu. Das einzige Problem: Ihre Mitmenschen glauben, bei Ihnen sei plötzlich eine Schraube locker.

So ähnlich ist es Jill Taylor ergangen, allerdings um den Preis eines Schlaganfalls. Als Medizinerin wurde sie Zeugin einer gewaltigen, inneren Veränderung. Sie überlebte, stellte ihre Gesundheit wieder her und schildert seitdem in einem Buch und in Vorträgen, was ihr passiert ist. Ausgelöst durch eine Blutung im Gehirn stellte sich bei ihr ein bis dahin unbekannter Zustand des inneren Friedens ein. Sie war – parallel zu ihren vorübergehenden neurologischen Beeinträchtigungen – auf eine seltsame Art überglücklich.

Taylor ist überzeugt, dass im Prinzip jeder die Anlage besitzt, solche berauschenden Zustände dauerhaft zu erfahren, und dass es keines Schlaganfalls bedarf, um dahin zu gelangen. Sie ist eine Mystikerin wider Willen und, wie könnte es anders sein, den Vorurteilen ihrer Kritiker ausgesetzt.

Wenn der Nahtod nicht ins Weltbild passt

Wem Mystik ein zu heißes Eisen ist, der hat noch eine zweite Chance, ein Weiterleben nach dem Tod zumindest für möglich zu halten. Zahlreiche Menschen haben über eine Erfahrung berichtet, die sämtliche Überzeugungen des Materialismus erneut sprengt. Sie behaupten, für kurze Zeit in einer anderen Welt gewesen zu sein, und zwar während die Ärzte und ihre Angehörigen sie bereits für tot hielten oder sie im Koma lagen.

Normalerweise gelten Menschen als tot, wenn ihr Herz stillsteht und das Gehirn keine Aktivitäten mehr aufweist. Umso erstaunlicher mutet an, dass immer wieder Menschen aus diesem Zustand ins Leben zurückkehren und über ihre Erlebnisse in einer anderen Welt berichten. In Deutschland geben vier Millionen Menschen an, eine Nahtoderfahrung gemacht zu haben. Vielleicht kennen sie wie wir auch welche, die dazugehören.

Was sich an der Grenze zwischen Leben und Tod abspielt, ist kaum auf einen Nenner zu bringen. Koma ist nicht gleich Koma, und die Nahtodberichte gehen weit auseinander. Dennoch gibt es einige besonders häufig genannte Phänomene.

Einer der ersten, die solche Berichte gesammelt haben, war der US-amerikanische Psychiater Raymond A. Moody. Sein großes Verdienst besteht darin, derartige Schilderungen ernstgenommen und ab 1975 veröffentlicht zu haben. Seine Bücher haben vielen erst ermöglicht, über ihre ungewöhnlichen Erkenntnisse zu sprechen. Der Autor Bernard Jakoby, der sich intensiv mit dem Thema beschäftigt hat, nennt folgende Merkmale einer Nahtoderfahrung:

- Körperlosigkeit; Leichtigkeit; Gewissheit, tot zu sein
- Frieden; Wohlbefinden; Freiheit von Schmerzen
- Aufhebung von Zeit und Raum; Erweiterung des Bewusstseins; Fähigkeit, an mehreren Orten gleichzeitig zu sein

- Durchquerung eines Tunnels, einer Dunkelheit oder Leere, unter Umständen Begegnung mit Verstorbenen oder Wesen, die die Seele am Übergang empfangen und begleiten
- Gegenwart eines unermesslichen Lichtes, einer bedingungslosen, intensiven Liebe und Geborgenheit, die manche als »Gott« bezeichnen
- Rückschau auf das Leben; Einsicht in alle Gedanken, Gefühle und Taten, auch aus Sicht anderer Beteiligter; Verständnis der Eigenverantwortlichkeit und des Zusammenhangs von Ursachen und Wirkungen
- Widerwillige Rückkehr in den Körper und ins Leben

Ein besonders spektakulärer Fall einer Nahtoderfahrung ist der von Anita Moorjani. Moorjani, Kind indischer Eltern, in Singapur geboren und in Hongkong aufgewachsen, erkrankte 2002 an Krebs. Vier Jahre später war die Krankheit im Endstadium. Moorjani fiel ins Koma. Alle erwarteten ihr Ableben binnen Stunden. Doch obwohl ihr Körper nach schulmedizinischen Maßstäben irreversibel geschädigt war, erwachte sie nicht nur aus dem Koma, sondern ihre Tumore bildeten sich innerhalb von wenigen Tagen weitgehend zurück. Nach fünf Wochen war Moorjani vollständig gesund. Was sie in der Zeit ihres Komas erlebt hat, schildert sie sehr anschaulich in ihrem Buch *Dying to be me* (deutscher Titel: *Heilung im Licht*). Ungewöhnlich an ihrem Fall ist, dass ihr Genesungsprozess anhand der Krankenakten gut dokumentiert ist und deshalb weniger leicht als Lüge abgetan werden kann als ähnliche Berichte ohne medizinische Belege. Der Ton ihrer Erzählung ist angenehm sachlich, das Buch bemerkenswert informativ.

Während Menschen, die aufgeschlossen für spirituelle Erlebnisse sind, solche Erfahrungen als mögliche Beweise einer über den Tod hinausgehenden Existenz nehmen, sehen andere in ihnen letzte Signale eines in Not geratenen Gehirns, das es irgendwie doch noch schafft, tröstliche Fantasien zustande zu bringen.

Für die einseitig materialistische Wissenschaft wäre das Vorhandensein eines Bewusstseins, das von Körper, Zeit und Raum unabhängig ist, der – nun ja – Todesstoß. Es hätte unabsehbare Folgen für eine ganze Reihe naturwissenschaftlicher Dogmen. Wir bräuchten ein neues Weltbild. Andererseits wüssten wir endlich, wer wir sind: geistige Wesen, die für kurze Zeit Erfahrungen in einer materiellen Sphäre namens Erde sammeln.

Andere Realitäten

Sind andere Realitäten wirklich so unwahrscheinlich? Wissen wir nicht längst, dass es Bereiche gibt, die der menschlichen Wahrnehmung normalerweise verschlossen sind? Nehmen wir nur das Leben in den Ozeanen. Die Tiere und Pflanzen, die dort leben, befinden sich faktisch in einer anderen Welt. Wir selbst können nur für kurze Zeit in deren Oberfläche eintauchen. Mit Hilfsmitteln wie Sauerstoffflaschen oder U-Booten ist es zwar möglich, weiter in die Meere vorzudringen, aber fremd bleiben sie uns trotzdem. Im Wasser erlebt man eine sonst unbekannte Schwerelosigkeit. Die Fortbewegung vollzieht sich am einfachsten mit Flossen. Hätten wir Kiemen, könnten wir eher nachvollziehen, wie es sich dort lebt.

Soviel man weiß, entwickelte sich Leben zuerst im Wasser. Danach wurden aus den Kiemen und Flossen Lungen und Beine. Erstmals krochen Lebewesen über das Land. Nachdem sich die Vorderbeine einiger Vierfüßler zu Armen ausgebildet hatten, konnten sie sich im Urwald von Baum zu Baum schwingen. Andere begaben sich gleich vollständig in die Lüfte. Vor relativ kurzer Zeit verließen ein paar dieser Wesen, auf zwei Beinen aufrecht gehend, den Urwald und schauten sich in den Savannen und Steppen um.

Ist es nicht auffällig, dass die jeweiligen Arten mit ihren verschiedenen Sinnen sich ständig neue Welten erschließen? Würden manche Menschen nicht lieber heute als morgen in Raumstationen durchs Weltall düsen?

Es ist bekannt, dass Fledermäuse über Sinne verfügen, die ihnen das Fliegen in der Dunkelheit erlauben. Wir Menschen können uns weder in die Lüfte schwingen, noch im Dunkeln sehen, jedenfalls nicht ohne technische Hilfsmittel. Katzen, Hunde und andere Tiere verfügen über Möglichkeiten der Wahrnehmung, die Menschen zwar beobachten, aber selbst nicht besitzen. Man könnte daher sagen, dass diese Lebewesen »übersinnliche« Fähigkeiten haben, aber was heißt das schon? Doch nur, dass »normale« Menschen solche Talente nicht besitzen. Mit dem Ringen um »Normalität« ist das so eine Sache: Blenden die meisten von uns nicht dauerhaft aus, dass es mehr als zwei Geschlechter, mehr als fünf Sinne, mehr als die westliche Kultur, mehr als das Christentum, mehr als die eigene Meinung, mehr als uns Menschen, mehr als diese Erde, mehr als dieses eine Leben gibt?

Andere Realitäten zuzulassen, fällt uns doch schon in dieser Welt schwer. Die herrschende politische Meinung ignoriert Minderheitenstandpunkte. Die dominierenden akademischen Sichtweisen trachten danach, abweichenden wissenschaftlichen Hypothesen buchstäblich das Wasser abzugraben, indem die notwendigen Forschungsgelder verweigert werden. Die »Leitkultur« versucht, alle zu unterdrücken, die da nicht hineinpassen.

Deshalb haben es auch medial Begabte so schwer, also all diejenigen, die in die Zukunft schauen, Kontakt zu Toten aufnehmen oder sonst irgendetwas »Irres« können. Möglichst heimlich geht man zur Wahrsagerin, lässt sich die Karten legen, einen Traum deuten oder die Geister beschwören; denn man riskiert seinen guten Ruf, wenn man offen dazu steht.

Halten wir Folgendes fest: Wenn jeder weiß oder es zumindest wissen könnte, dass es Welten gibt, die außerhalb der üblichen fünf Sinne liegen, wie können wir dann sicher sein, dass der Tod das absolute Ende ist?

Pyramiden und Tonkrieger

MystikerInnen und Menschen mit Nahtoderfahrungen versichern, dass das Bewusstsein nicht an den Körper gebunden ist. In der anderen Realität spielt Materie keine Rolle. Aber auch diejenigen, die mit solchen Vorstellungen nichts anfangen können, machen sich ihre Gedanken über ein Weiterleben nach dem Tod. Wenn Materialisten träumen, sieht das so aus:

Ägyptische Könige ließen sich Stufenpyramiden als Grabstätte bauen, die ihnen als eine Art Himmelsleiter dienen sollten, um zur Unsterblichkeit aufzusteigen. Ihre Körper wurden mumifiziert und von Mumien ihrer Lieblingskatzen begleitet. Dazu bekamen sie noch weitere Gegenstände für ihre Reise mit.

Doch gegen das Grab des ersten chinesischen Kaisers nehmen sich die Himmelstreppen der ägyptischen Pharaonen geradezu bescheiden aus. Nach alten Berichten, die durch jüngere Ausgrabungen bestätigt zu werden scheinen, ließ er sich unterirdisch auf einer Fläche von 56 Quadratkilometern eine ganze Welt mit Flüssen und Seen aus Quecksilber nachbauen. Eine Wagenkolonne von bis zu 81 Fahrzeugen stand ihm weiterhin zur Verfügung. Als Herrscher über ein riesiges Reich rechnete er nach wie vor mit Angriffen. Deshalb mussten 7000 Tonkrieger die Grabanlage rund um die Uhr schützen.

Man mag dies belächeln, aber es gibt auch heute ungewöhnliche Bestattungen. So lassen sich in den USA Autofetischisten mitsamt ihren Karossen bestatten. Wenn diese Reste in 2000 Jahren ausgegraben werden, wird das wohl einiges Aufsehen erregen. Mit 100 PS durchs Jenseits?

Ob Archäologen eines Tages auf eingefrorene Leichen stoßen werden, hängt unter anderem davon ab, wie lange der Strom reicht. Wie weit es gelingen wird, die sterblichen Überreste wieder zum Leben zu erwecken, wie deren ehemalige Besitzer hofften, steht in den Sternen. Derzeit warten etwa 100 Eingefrorene darauf, aufgetaut und wiedererweckt zu werden. Der Spaß kostet 28.000 Dollar. Der Traum vom ewigen Leben treibt seltsame Blüten.

Einfrieren ist in. So lassen sich auch Spermien und Eizellen konservieren. Das klappt sogar recht gut. Mit 21 Jahre lang tiefgekühltem Sperma wurde angeblich schon ein gesundes Kind gezeugt. Nachteil: Es ist ein anderer, der »weiterlebt«. Oder schafft es die Wissenschaft demnächst, Menschen zu klonen? Falls ja, könnte man sich beliebig reproduzieren lassen. Sobald das Verfahren in die Massenproduktion geht, ist der Stückpreis bestimmt erschwinglich. Der absolute Renner könnte jedoch das *Home Cloning* werden. Nach Art der 3-D-Drucker wäre es dann möglich, sich selbst zu vervielfältigen. Wir sind gespannt, was dabei herauskäme.

Anders als von vielen erwartet, könnte sich endgültig herausstellen, dass das Bewusstsein nur begrenzt etwas mit dem Körper zu tun hat. Ein ewiges Leben, wie MaterialistInnen es sich erträumen, funktioniert nach unserer Einschätzung nicht. Einem noch so identisch nachgebildeten Körper würde die Lebensgeschichte des Originals fehlen. Einmal mehr bestätigte sich der Satz: Das Original ist immer besser als die Kopie.

Jedenfalls wäre es für MaterialistInnen eine Riesenüberraschung, wenn sie nach dem Tod feststellten, dass sie wie alle Menschen bereits ab Werk mit Unsterblichkeit ausgestattet sind, und zwar ohne Aufpreis.

Die Reise durchs All

Der Weltraumtourismus hat begonnen. Gleich mehrere Unternehmen bieten Reisen in die Erdumlaufbahn oder sogar um den Mond an. Ticketpreis: 200.000 bis 150 Millionen Dollar. Die ersten Abenteurer waren schon oben. Man kann sie allerdings im Moment noch an zwei Händen abzählen. Die technischen Probleme sind doch beträchtlich. Dennoch stehen die Interessenten Schlange. Virgin Galactic, ein Geschäftszweig des britischen Multi-Unternehmers Richard Branson, verzeichnet 7000 Reiselustige. 500 von ihnen haben bereits fest gebucht.

So wie das Fliegen lange Zeit ein Menschheitstraum war, träumen heutzutage ein paar Verwegene davon, ins Weltall aufzubrechen. Utopische Wissenschaftler und Techniker sprechen trotz zahlreicher ungelöster Probleme unverdrossen von der Besiedlung des Weltalls. Der Flug zum Mond soll nur der Anfang gewesen sein. Nun steht der Mars auf dem Programm, und von da aus soll es dann immer weiter hinausgehen.

Aber vielleicht gibt es das schon längst, diese Reisen durchs Universum, technisch brillanter als alles bisher Dagewesene, kostengünstiger, als man meint, und in Dimensionen, die das Vorstellungsvermögen selbst der kühnsten Science-Fiction-Autoren in den Schatten stellen. Und Sie können dabei sein! Nehmen wir mal an, es gäbe da Reiseveranstalter, die Reisen durch die Weiten des Alls anbieten, wohin Sie wollen. Das Prozedere wäre allerdings etwas kompliziert. Jede/r Reisende müsste bei Abreise seinen Körper verlassen und sich am Urlaubsort, Lichtjahre von der Erde entfernt, neu inkarnieren. Den ersten Vorgang nennt das galaktische Generalunternehmen »Tod«, den Wiedereintritt »Geburt«. Glauben Sie nicht, dass dieses Angebot der größte Verkaufshit aller Zeiten würde, vor allem dann, wenn das Reisebüro auch noch erklärte, dass das gesamte Paket all inclusive sei, ja, gänzlich umsonst?

Mag sein, dass die meisten – Sie eingeschlossen? – ein bisschen Bammel davor hätten, aber die Neugier wäre grenzenlos, und etwas Reisefieber gehört bei jedem Aufbruch in neue Gefilde nun mal dazu. Und just in diesem Augenblick erfahren Sie, dass Sie das Ticket bereits in der Tasche haben. Allein der Reisebeginn steht noch in den Sternen. Der Veranstalter hat sich vorbehalten, ihn unter Umständen auch »plötzlich und unerwartet« festzulegen. Ein kleiner Haken ist noch dabei: Den Rücktritt von diesem Angebot hat der galaktische Generalunternehmer in seinen Allgemeinen Geschäftsbedingungen ausgeschlossen.

Nehmen wir weiter an, dies wäre keine Fantasie, sondern die Realität. Sehen diejenigen, die an Raumstationen und interplanetaren Reisen basteln, dagegen nicht wie Anfänger aus? Sie können die Mutter aller Reiseveranstalter niemals toppen. Neben diesem grandiosen Welttheater wirkt das, was die Weltraumforscher planen, wie ein Flohzirkus.

Nach unserem Ausflug in jenseitige Welten kommen wir zurück auf die Erde und in die Gegenwart. Wir lassen alle spirituellen Mutmaßungen hinter uns und wenden uns wieder dem Dasein auf dem guten alten, blauen Planeten, unserem Heimatgestirn, zu. Unabhängig davon, ob und wie es nach dem Sterben weitergeht: Vor dem Tod steht ein Leben, das ausgefüllt sein will.

Ein Leben, das den Tod nicht zu fürchten braucht

Das größte Dilemma

Kennen Sie den herzergreifenden Song von Georges Moustaki »En méditerranée«? Darin besingt Moustaki den mediterranen »Sommer, der den Herbst nicht zu fürchten braucht«. Gleichzeitig erzählt er von den vielen Kämpfen rund um das Mittelmeer, dem Blut, das dabei vergossen wurde, den »Inseln mit Stacheldraht« und den »Mauern, die einschließen«, von all den Problemen, die es in dieser schönen, sonnendurchglühten Landschaft ebenfalls gegeben hat (und noch gibt). Neben all dem Schrecklichen beschwört Moustaki immer wieder die herrlichen Sommer am Mittelmeer. »Vergesst nicht«, sagt er, »es gibt das Bedrückende und es gibt das Wunderschöne dicht nebeneinander.«

Ebenso wie es Sommer gibt, die den Herbst nicht scheuen müssen, gibt es Leben, die den Tod nicht zu fürchten brauchen. Leben, denen der Tod nichts nehmen kann, weil sie so reich und erfüllt, so farbenfroh und vielfältig waren.

Ist es nicht ein schönes Ziel, so ein Leben zu führen? Wann könnten Sie von sich sagen, dass Ihr Leben sich erfüllt hat? Was braucht es noch dazu? Oder sind Sie schon in der glücklichen Lage, dem Herbst und dem Winter gelassen entgegenzusehen?

Stellen Sie sich vor, Sie bekommen vom galaktischen Generalunternehmen noch ein anderes Angebot. Dieses sieht vor, dass Sie sich für 50 Jahre auf die Erde begeben und alles erleben dürfen, was eine Existenz hier so zu bieten hat, zum Beispiel köstliches Essen, heiße Liebesnächte, traumhafte Sonnenuntergänge, traurige Trennungen, spannende Erkenntnisse, gesunde und kranke Phasen, berufliche Erfolge, eigene Kinder, mehrere SeelengefährtInnen, böse Intrigen, die gegen Sie geschmiedet werden, ein finanzieller Absturz und ein kleiner Lottogewinn. Es gibt aber einen Haken: Am Ende der 50 Jahre steht ein tödlicher Herzinfarkt auf dem Programm. Sie haben kurze Zeit starke Schmerzen in der Brust und beenden damit Ihren Ausflug auf die Erde. Was danach passiert, ist im Vertrag nicht geregelt. Vermutlich landen Sie wieder da, wo Sie hergekommen sind, in der Sphäre, wo der Vertrag und Ihr Ausflug auf den blauen Planeten seinen Ausgang genommen haben. Nehmen Sie das Angebot an? Oder schlagen Sie es aus? Sie haben die freie Wahl!

Oder versuchen Sie zu verhandeln? Wollen Sie mehr Zeit herausschlagen oder einen anderen Tod vereinbaren? Unterschreiben Sie den Vertrag, auch wenn die Bedingungen nicht entsprechend Ihren Wünschen geändert werden? Aufgrund welcher Überlegungen entscheiden Sie sich, den Vertrag abzuschließen? Welche Gedanken lassen Sie zögern?

Lassen Sie sich genügend Zeit, alles gegeneinander abzuwägen! Es eilt nicht. Denken Sie in Ruhe darüber nach.

Vielleicht ist es genau so abgelaufen und Sie erinnern sich nur nicht mehr daran. Könnte es sein, dass Sie damals unterschrieben haben und heute davon nichts mehr wissen (wollen)?

Nehmen wir an, Sie hätten den Vertrag unterzeichnet: 50 Jahre, wie am Imbiss »scharf und mit allem«, dann Herzinfarkt und Ende des Ausfluges. Könnten Sie die Jahre genießen? Oder müssten Sie ständig an den kommenden Herzinfarkt denken?

Antilopen scheinen es da einfacher zu haben. Zwar ist der Tod in Gestalt der Löwen im wahrsten Sinne des Wortes ihr ständiger Begleiter, und doch sieht man sie in Tierfilmen friedlich grasen oder aus einem See trinken. Sie behalten die Löwen im Blick, sind aber keineswegs aufgeregt. Das ändert sich erst, wenn sie bemerken, dass die Löwen in Jagdstimmung sind. Dann laufen sie in großer Geschwindigkeit davon, bis auf eine Jungantilope, die es erwischt. Die Löwen haben eine leckere Mahlzeit und legen sich anschließend gemütlich in den Schatten eines Baumes.

Erstaunlicherweise beruhigen sich die Antilopen schnell. Die Gefahr ist vorbei. Kein Trauma wegen der Vergangenheit, keine Angst vor der Zukunft. Sie tun wieder das, was Antilopen so zu tun pflegen: umherspringen, sich paaren, ihre Jungen aufziehen, grasen, schlafen und so weiter.

In diesem Fall kann man wirklich sagen, dass Menschen zu viel denken.

Aber halt! Das stimmt nicht. Die Massai zum Beispiel leben auch in der Nähe von Löwen, ohne in Dauerpanik zu verfallen. Sie verlangen von ihren Kindern Mutproben. Schon 15-Jährige werden in kleinen Gruppen auf Löwenjagd geschickt. Ihre Jagdwaffen sind extrem lowtech: Speere, Pfeil und Bogen, Kurzschwerter. Zweifellos ist ihre wichtigste Waffe ihr Geist. Obwohl ein Löwe ihnen körperlich weit überlegen ist, sind sie in der Lage, ihn durch ihren Mut, den Glauben an ihre Stärke und ihren Zusammenhalt zu besiegen. Ihr Leben in der afrikanischen Steppe ist risikoreich. Massai werden im Durchschnitt nur 40 Jahre alt. Aber Angst vor dem Tod scheint ihnen fremd zu sein. Der Tod ist viel zu normal, um große Gefühle mit ihm zu verbinden.

Das Denken an sich ist gar nicht das Problem, sondern das übertrieben negative Denken. Antilopen machen sich keine Gedanken. Massai entwickeln Mut statt Angst. Und wir? Im besten Fall genießen wir das Leben und betrachten den Tod als unseren Freund. Im schlechtesten Fall jedoch haben wir keine Freude am Leben und auch noch Angst vor dem Tod. Das wäre das größte Dilemma. Wie lässt es sich verhindern?

Ein total verrücktes Ziel

Kennen Sie das? Sie sinken nach einem ereignisreichen Tag in Ihr Bett. Ihr Kopf ist voll von unzähligen Eindrücken und Begegnungen. Ihnen ist warm und wohl, wenn Sie an die lieben Menschen denken, die zu diesen Erfahrungen beigetragen haben. Sie waren an diesem Tag ganz bei sich, gleichzeitig offen für andere und haben genau das gemacht, was Sie am meisten lieben. Nun können Sie beim besten Willen nicht mehr. Sie wollen sich nur noch die Decke über den Kopf ziehen und schlafen.

Nehmen wir einmal an, so wäre es auch am Ende Ihres Lebens. Nach ereignisreichen Jahrzehnten sind Sie erfüllt von zahllosen Erinnerungen. Tief zufrieden erinnern Sie sich zurück. Sie sind dankbar für alles, was Sie erleben durften. Aus den schmerzhaften Dingen haben Sie gelernt, die beglückenden haben Sie genossen. Sie haben Ihre Träume verwirklicht. Es war gut, nun ist es genug. Sie sind müde und möchten schlafen.

Was löst diese Vorstellung in Ihnen aus? Sehen Sie sich auf einem guten Weg? Haben Sie einen (heilsamen) Schreck bekommen, weil es so viele Baustellen in Ihrem Leben gibt? Ziehen Sie die richtigen Konsequenzen daraus? Wenn es gut läuft, machen Sie weiter so. Ist es weniger erfreulich, werfen Sie das Ruder herum. Geben Sie Ihrem Leben eine neue Richtung. Selbst wenn Sie den Eindruck haben, in Ihrem bisherigen Leben mehr Schmerz als Freude erfahren zu haben, besteht immer noch die Möglichkeit zu einem Happy End. Oft sind die Filme am erhebendsten, in denen die HeldInnen erst ganz zum Schluss, nach einer langen Reihe von Prüfungen ihr Glück finden.

Lebensmüdigkeit anzustreben scheint ein total verrücktes Ziel zu sein. Das wäre es auch, wenn damit Depression und Resignation gemeint wären. Nicht jedoch, wenn Lebensmüdigkeit für die angenehme Erschöpfung steht, die man am Ende eines langen, erfüllten Daseins empfindet.

Lebensmüdigkeit dieser Art setzt ein Leben voller Freude voraus. Wir sprachen bereits von der Reue, die Sterbende empfinden, wenn sie nicht getan haben, was sie wollten, zu viel gearbeitet und sich zu wenig Zeit für ihre FreundInnen genommen, kurz: wenn sie das Leben zu wenig genossen haben.

Zahlreiche politische und religiöse Ideologien predigen Freudlosigkeit (in der Bibel steht zum Beispiel: »Und wenn's köstlich gewesen ist, so ist es Mühe und Arbeit gewesen«). Lassen Sie sich so etwas nicht einreden. Befreien Sie sich davon! Das ist möglich.

Vertiefen Sie sich einmal in die Vorstellung, dass Sie beim Sterben voller Zufriedenheit an Ihr Leben zurückdenken. Das ist so anders als alles, was landläufig bei uns mit dem Tod verbunden wird. Denken Sie Ihr Leben von einem glücklichen Ende her. Was würden Sie persönlich brauchen, damit es so wird? Was könnten Sie tun, um sich von denen zu unterscheiden, die nur mit einem leichten oder schweren

Gruseln an ihr Ende denken mögen? Sie müssten etwas anders machen! Und zwar was? Zugegeben, es ist ungewöhnlich, vielleicht sogar ein bisschen verrückt, sich am Ende des Lebens – egal wann es kommt – so zu sehen: müde, zufrieden, satt und entspannt. Aber es ist möglich.

Übrigens kann auch ein kurzes Leben gut sein. Wer die Erde in jungen Jahren schon wieder verlässt, könnte im Prinzip ebenfalls auf ein erfülltes Leben zurückschauen. Das bedeutet dann nicht die Gründung einer Familie und Freude über die Geburt der Enkel, auch nicht die Entwicklung einer langen, erfüllten beruflichen Karriere. Und doch wäre eine schöne Kindheit drin, die vielen ohnehin als die beste Zeit im Leben gilt, oder – soweit es dafür noch reicht – die erste Liebe und wunderbare Jugendfreundschaften. Die mögliche Kürze des Lebens mahnt uns, das Glück nicht aufzuschieben. Finde es heute, morgen kann es zu spät sein.

Unsere Gesellschaft ist so auf Quantität ausgerichtet, dass Qualität keine Rolle zu spielen scheint. Ein hohes Bruttosozialprodukt umfasst auch die Produktion von Panzern und Raketen, die Umsätze der ÄrztInnen und Krankenhäuser wegen der vielen Kranken, die Gewinne der Apothekerinnen und Therapeuten, die Profite der Banken, die ertragreiche Unternehmen, ja, ganze Staaten wie im Moment Griechenland auspressen. Mehr, mehr, mehr: die ewige Gier, unersättlich, nie zufrieden, ständig gehetzt. Das funktioniert im Leben nicht und ebenso wenig im Sterben.

Die Leitbilder stimmen nicht. In unserer Gesellschaft ist beispielsweise Bescheidenheit ziemlich schlecht angesehen. Das liegt vor allem daran, dass uns diese Tugend entweder von moralinsauren AsketInnen gepredigt wird oder von Politikern, die selbst nicht im Traum daran denken, »den Gürtel enger zu schnallen«. Das sind keine Vorbilder. Man möchte weder werden wie die einen noch so sein wie die anderen: nicht unfroh und erschrocken über jede Spur von Sinnenfreude und auch nicht verlogen und ungerecht. Gerade Frauen haben verständlicherweise keine Lust mehr auf die Rolle als »Veilchen im Moose«, die nur darauf achten sollen, dass es anderen gut geht und die nichts für sich fordern.

Dabei ist der Wert der wahren Bescheidenheit aus dem Blick geraten. Sie kann, sofern sie freiwillig und mit Verstand praktiziert wird, etwas äußerst Wohltuendes sein. Weniger ist wirklich oft mehr. Menschen, die aus freiem Herzen sagen können: »Danke, ich habe genug«, sind wahrscheinlich die glücklichsten und zufriedensten Personen der Welt.

Das Credo des Kapitalismus »Mehr, schneller, billiger« hat jedenfalls nicht dazu geführt, dass die Menschen erfüllter leben. Mehr ist eben nicht zwangsläufig besser. Schnelligkeit und Genuss vertragen sich überhaupt nicht. Und das, was auf den ersten Blick billig erscheint, kommt einen später oft teuer zu stehen. Aber es gibt Grund zur Hoffnung: Seit einigen Jahren liegen Entschleunigung, Minimalismus und Fairtrade im Trend. Ob daraus tatsächlich tiefgreifende, gesellschaftliche Verhaltensänderungen werden, die viele Menschen erfassen und nachhaltig angelegt sind, bleibt abzuwarten. Die Rechnung »Zeit ist Geld, und Geld ist Glück« geht jedenfalls nicht auf.

WissenschaftlerInnen haben festgestellt, dass ein höheres Einkommen zum Glück der Menschen nur dann beiträgt, wenn es um die Erfüllung von Grundbedürfnissen geht: ein Dach über dem Kopf, genug zu essen, sauberes Wasser, Zeit für soziale Kontakte, Zugang zu Bildung und Teilhabe am kulturellen Leben. Die jährliche Summe, die dafür erforderlich ist, berechnen sie mit lediglich 20.000 Dollar.

Darüber hinaus beginnt häufig das Rattenrennen (*rat race*), also der Konkurrenzkampf, die Hektik, die Tretmühle. Sie wissen ja: Von innen sieht es aus wie eine Karriereleiter, von außen wie ein Hamsterrad. Man kauft Dinge, die man nicht braucht, von Geld, das man nicht hat, um Leute zu beeindrucken, die man nicht mag. Wobei man diese Form von Wahnsinn nicht den Ratten zuschreiben sollte, die unseres Wissens ein ausgeprägtes Sozialverhalten an den Tag legen und außerdem gerade das nutzen, was wir Menschen als Abfall ansehen.

Bei der Hatz nach immer mehr und mehr vergisst man häufig das, was wirklich zum Glücklichsein beiträgt. Mehr und mehr Jahre bedeuten nicht unbedingt ein besseres Leben. Das, worauf es wirklich ankommt, lässt sich nicht kaufen, zählen oder abwiegen. Positive Lebensmüdigkeit anzustreben, mag ein verrücktes Ziel sein. Aber wollen Sie normal oder glücklich sein?

Trau dich

Es macht keinen Sinn, sich ständig Sorgen zu machen. Niemand weiß, was geschehen wird. Man weiß nicht einmal mit absoluter Sicherheit, wo man in einer Stunde sein wird, geschweige denn in drei Jahren. Man kann sich zwar die ganze Zeit wegen einer ungewissen Zukunft sorgen. Aber das ist keine gute Idee. Besser ist es, neugierig zu sein, was passieren wird, oder einfach das zu machen, was gerade anliegt.

Während man seine Ziele verfolgt, hat man keine Zeit zum Grübeln.

Damit wir uns nicht missverstehen: Es ist gut und richtig, sich auf Herausforderungen vorzubereiten. Alle vernünftigen Leute tun das. Allein auf einen erfolgreichen Ausgang zu hoffen, reicht aber nicht aus. Das bringt ebenso wenig, wie sich Sorgen zu machen. Leider beschränken sich viele auf Hoffen und Bangen, als ob dies etwas ändern würde. Hoffnung hat wenigstens den Vorteil, die gute Stimmung zu bewahren, obwohl auch beim Hoffen immer die leise Befürchtung mitschwingt, die Sache würde schiefgehen.

Die Besorgten vollziehen im Grunde genommen magisches Denken. Damit ist die Überzeugung gemeint, man könne allein kraft seiner Gedanken den Lauf der Welt beeinflussen. Wer sich sorgt, glaubt insgeheim, Gefahren dadurch von sich und seinen Liebsten fernhalten zu können. Schlägt man demjenigen nämlich vor, damit aufzuhören, wäre er oder sie empört: »Es kann mir doch nicht egal sein, was passiert!« Nein, das braucht es auch nicht. Aber dass Sorgen irgendeinen Unterschied machen könnten, ist pure Einbildung. »Ich stehe dem anderen bei, indem ich mich sorge.« Wirklich? Wäre es nicht besser, an ihn zu glauben und darauf zu vertrauen, dass er es schaffen wird? Die Sorgen der Mitmenschen sind eher eine Belastung als eine Hilfe. Und man selber hat auch nichts davon.

Und was heißt das nun auf den Tod bezogen? Wir sind auf der Welt, um Erfahrungen zu machen, zu lernen, zu wachsen und Spaß zu haben. Einer unserer Lieblingssprüche ist: »Entweder es macht Spaß oder man lernt etwas.« Der schlimmste Fehler, den man hier auf dem blauen Planeten machen kann, wäre, alles Mögliche nicht zu tun, aus Sorge, es könnte schiefgehen. Erfahrungen sammeln, lernen, sich weiterentwickeln und Freude daran haben: So kostet man das Leben aus. Mal muss man Lehrgeld zahlen, mal macht es einfach Spaß, im Fluss der Lebensenergie zu schwimmen. Dazu ist das Leben da. Der Tod erinnert uns daran: Mach das jetzt, du hast nicht ewig Zeit! Trau dich! Es lohnt sich, egal wie es ausgeht!

Zeit verplempern

Die Endlichkeit des Lebens sollte einen nicht dazu verleiten zu glauben, man müsse jede Sekunde nutzen, um Karriere zu machen, die Welt zu sehen oder zu feiern. Das Gefühl, dass die Zeit knapp ist, hat nichts damit zu tun, dass das Leben relativ kurz ist. Immerhin sind es statistisch gesehen knapp 80 Jahre.

Die Zeit geht einem nur dann aus, wenn man zu viel in seinen Tag hineinpackt: Geld verdienen, Kinder versorgen, Freunde treffen, Sport treiben, fernsehen, im Internet surfen, sich mit Computerspielen beschäftigen, den Haushalt machen, einkaufen, hin und her fahren, zur Ärztin gehen, die Eltern besuchen, telefonieren, essen, schlafen und vieles mehr. So entsteht Zeitnot und das Leben wird hektisch.

Wenn man es versäumt, Prioritäten zu setzen und sich konsequent nach ihnen zu richten, reicht die Zeit nie. Dann scheint sie zu rasen, obwohl man selbst es ist, der durch den Tag hetzt. Noch vor wenigen Jahrzehnten, als es weder Computer noch Fernseher noch Smartphones gab, langweilten sich die Menschen öfter. Es gab noch diese ruhigen Sonntagnachmittage, an denen die Welt stillzustehen schien.

Man muss sich Zeit nehmen. Zeit hat man nicht, man nimmt sie sich, wie es so schön heißt. Vieles lässt sich planen. Dass man einkaufen muss, kommt nicht überraschend, sondern ist vorhersehbar. Wenn man sich dafür jede Woche einen festen Termin reserviert und eine Einkaufsliste erstellt, braucht man nicht um Mitternacht zur Tanke zu fahren, sondern kann den Feierabend buchstäblich feiern.

Wie vieles im Leben ist auch dies paradox: Wer plant, hat mehr Freiheit. Wer nach Lust und Laune handelt, ist oft gezwungen, Versäumtes nachzuholen. Egal wie man es anpackt, an einem minimalen Zeitmanagement führt kein Weg vorbei, wenn nicht der Zufall regieren soll. Am besten, man plant Muße und freie Zeit gleich mit. So verrückt es klingt, aber freie Zeit braucht Planung. Sonst hat man in der Regel keine. Zeit im Überfluss zu haben, ist wunderbar. Manche nehmen sich dafür den Sonntagvormittag. Andere leisten sich ein bisschen mehr.

Natürlich braucht jeder Geld für ein Dach über dem Kopf, aber der eigentliche Luxus besteht heute darin, Zeit zu haben. Milliardäre können mit Leichtigkeit ihren finanziellen Reichtum noch weiter steigern, aber eines können sie nicht: ihre Zeit vermehren. Und noch eines teilen sie mit den meisten: Auch Reiche sind gestresst. Teilweise wegen der gleichen Geschichten wie die weniger Betuchten: Beziehungsstress, Ärger mit den Kindern, Sorgen um die Gesundheit – Angst vor dem Tod! Hinzu kommen bei den Begüterten spezifische Probleme: Sorge um die Entwicklung am Aktien- und Immobilienmarkt, Nervereien um die Reparatur der Luxusyacht, Stress mit den Bediensteten.

Wer es sich da leisten kann, nicht mit der Minute rechnen zu müssen, hat offensichtlich ein dickes Zeitkonto. Zum Krösus wird, wer ganze Tage verplempern kann, ohne das Gefühl zu bekommen, ins Minus zu geraten.

Ein Leben in Fülle ist fantastisch: voller Glück, reich an Liebe, in größter Gelassenheit, mit aller Zeit der Welt. Was ist dagegen ein voller Terminkalender, ein üppiges Aktienpaket und eine mit Luxuswaren vollgestopfte Villa? Wenn Sie wählen müssten: Wofür würden Sie sich entscheiden?

Quellen der Lebensfreude

Wann hüpft Ihr Herz vor Freude? Wann sind Sie mit jeder Zelle Ihres Körpers glücklich?

Glück ist eine sehr persönliche Erfahrung. Jede und jeden zieht es zu etwas anderem hin. Die einen begeistern sich für Tiere; andere finden ihre Erfüllung darin, Kranke gesund zu pflegen oder Wohnungen zu bauen, in denen Menschen sich richtig wohlfühlen; wieder andere wollen unbedingt Bücher schreiben, die zum Nachdenken anregen; dann gibt es jene, die es beglückt, Kindern die Liebe zur Musik nahezubringen oder die allerbeste Torte der Welt zu backen. Es gibt unendlich viele Gründe, morgens oder – für die Nachteulen – am späten Nachmittag erwartungsvoll aus dem Bett zu springen.

Haben Sie das, was sie beflügelt, schon entdeckt? Falls nicht, wird es höchste Zeit. Es wäre nämlich zu schade, wenn Sie zum Beispiel den ganzen Tag am Computer säßen, obwohl es Sie begeistern würde, im Wald herumzuspazieren, oder genau umgekehrt.

Leider passiert es in unserer Gesellschaft häufig, dass sich Menschen vor allem aus finanziellen Gründen für einen Beruf entscheiden. Klar, wir alle brauchen das nötige Kleingeld zum Leben, aber wer vorwiegend darauf guckt, ob »die Kohle stimmt«, verfehlt den eigentlichen Zweck seines Daseins. Man dient in diesem Fall Interessen, die nicht die eigenen sind, und setzt seine Gesundheit und sein Glück aufs Spiel. Denn wer seine Herzenswünsche nicht in den Mittelpunkt stellt, ist schon tot, bevor er stirbt.

Wir haben bereits einen der Pioniere der ganzheitlichen Krebstherapie, Lawrence LeShan, erwähnt. Er hat es sich zur Aufgabe gemacht, Schwerkranke dabei zu unterstützen, ihre Träume (wieder) zu entdecken und zu verwirklichen. So hat er einmal mit einem jungen Mann namens Pedro gearbeitet, der in einer Straßengang gelebt hatte. Aber die Gruppe zerfiel: Einige wanderten ins Gefängnis, andere heirateten oder gingen zur Armee. Pedro fühlte sich einsam. Ohne seine Kumpels hatte sein Leben den Reiz verloren. Er entwickelte Morbus Hodgkin (Lymphdrüsenkrebs). Zu jener Zeit war dies eine tödliche Erkrankung. In der zuständigen New Yorker Spezialklinik gab es nicht einen einzigen Patienten, der länger als fünf Jahre überlebt hatte.

Wie bei so vielen, die LeShan traf, bestand Pedros größte Verzweiflung aber darin, dass er für sich keinen Platz in dieser Welt sah. Mithilfe von LeShan fand er den Kern seines Lebensglücks heraus: Er liebte es, sich in abenteuerlichen Situationen zu bewähren und die übrige Zeit mit einer Gruppe ähnlicher Draufgänger »abzuhängen«. Die Frage war nur noch: Wie ließen sich seine Fähigkeiten positiv nutzen?

Schließlich kamen beide auf die Idee, dass er als Feuerwehrmann arbeiten könnte. Dieser Beruf bot alles, was sein Leben lebenswert machte, und hatte darüber hinaus den Vorteil, legal und gesellschaftlich nützlich zu sein. Pedro bewarb sich für eine Stelle und wurde tatsächlich eingestellt (nachdem sein Lebenslauf ein bisschen frisiert worden war). Einige Zeit später hatten sich seine Krebszellen komplett zurückgebildet.

Wenn man nicht das tut, wofür man auf der Welt ist, ist die Lebensfreude schwer beeinträchtigt. Alles, was man tut, wird dann zur Pflicht. Auf die Frage »Wie geht's?« antwortet man mit einem trotzigen »Muss ja«. Es ist ein Jammer, das bei anderen mitanzusehen. Und noch schlimmer ist es, wenn man selbst auf solch reduzierte Weise existiert. Eine Erkrankung kann dann ein Hilfeschrei sein. Übersetzt heißt ein hoher Blutdruck vielleicht »Ich gehe an die Decke, wenn ich täglich diese Formulare bearbeite« oder ein Diabetes möglicherweise »Ich möchte so gern die Süße des Lebens schmecken, weiß aber nicht, wie«.

Kennen Sie die Geschichte von Phoebe Snetsinger?

Im Alter von 50 Jahren wurde bei ihr schwarzer Hautkrebs diagnostiziert, der bereits Metastasen entwickelt hatte. Sie beschloss, alle Behandlungen abzusetzen und nur noch Vögel zu beobachten. Das war es nämlich, was sie am allerliebsten tat. Durch ihre Arbeit als Hausfrau und Mutter war sie davon völlig abgekommen. Nachdem sie erkrankt war, riss sie das Ruder herum und widmete ihr Leben ausschließlich der Vogelbeobachtung. Sie setzte sich das Ziel, möglichst jede Vogelart zu sehen, bevor sie starb. Snetsinger reiste in der Welt umher und beobachtete alltägliche und seltene Vögel. Sie lebte noch zehn

Jahre, und das Verrückte an der Geschichte ist, dass sie bei einem Autounfall in Madagaskar starb, nachdem sie die letzte Vogelart gesehen hatte, die noch auf ihrer Liste stand. War dies Zufall, oder hatte sich ihr Lebenssinn erfüllt?

Wir sind zufällig auf diese Geschichte gestoßen, als wir in dem Buch *Travelling between the worlds* ein Interview mit Lewis Mehl-Madrona lasen. Er ist ein Arzt mit indianischen Wurzeln, der sich mit schamanischen Heilmethoden auskennt. Seiner Ansicht nach hat jeder Kranke bessere Heilungschancen, wenn er die vier folgenden Fragen beantworten kann: Wer bist du? Wo kommst du her? Warum bist du hier? Wo gehst du hin?

Da die Geschichte von Phoebe Snetsinger so außergewöhnlich scheint, könnte sie in die Irre führen. Es geht nicht darum, etwas Spektakuläres zu tun. Andere beeindrucken zu wollen, ist immer der falsche Weg zur Lebensfreude. Entscheidend ist, den höchstpersönlichen Glücksspeicher anzuzapfen, den wir alle in uns tragen. Worauf das hinausläuft, ist egal. Es kann in den Augen anderer groß oder klein, bedeutsam oder belanglos wirken. Hauptsache, es ist Ihr Ding!

Der bekannte Flow-Forscher Mihály Csíkszentmihályi erzählt zum Beispiel von einem Mann, dem es die allergrößte Freude bereitete, mit einer einfachen Apparatur in seinem Garten künstliche Regenbogen zu erzeugen. Nichts ist zu verrückt, um es zu tun, wenn es ein Herzenswunsch ist und andere nicht zu Schaden kommen.

Wie wird man seine Todesangst los? – Das ist die falsche Frage. Wofür lebe ich? Was will ich mit meinem Leben unbedingt anfangen? Was würde fehlen, wenn ich es nie täte? Mit diesen Fragen begibt man sich auf die richtige Spur. Wenn man den Freuden seines Lebens nachgeht, sitzt man nicht herum und ängstigt sich. Dazu ist man dann viel zu beschäftigt.

Ängste gehören dazu. Wie alle Gefühle kommen und gehen sie. Nur wer sie panisch vermeiden will, steckt in der nie enden wollenden Spirale von Angst und Angst vor der Angst. Die Frage »Warum habe ich Angst?« ist weniger wichtig, als sich zu überlegen, »Was würde ich alles tun, wenn ich keine Angst mehr hätte?«, und dann mit diesen Dingen zu beginnen.

Die Autorin Susan Jeffers, die selbst mit Ängsten zu kämpfen hatte, hat ihr lebensbejahendes Motto zum Titel eines ihrer Bücher gemacht: *Feel the fear and do it anyway* (Fühl die Angst und mach es trotzdem). Mutig sein heißt nicht, keine Angst zu haben, sondern trotzdem zu handeln, und zwar das zu tun, was man liebt.

Lebt man sein Leben auf diese Art, kann man im Sterben sagen, man habe ein schönes Leben gehabt. Vielleicht wird man auch einfach aus einer spannenden Beschäftigung herausgerissen. Die Traueranzeigen von alten Menschen, in denen steht »Sie hatten noch so viel vor« sind in unseren Augen die schönsten.

Woran merkt man, dass man alt wird? Man denkt öfter mal an seinen Tod. Das ist völlig normal. Schwierig wird es erst, wenn man die Endlichkeit in den Mittelpunkt seines Lebens stellt, denn da gehört sie nicht hin. Alles Leben strebe dem Tod zu, behaupten einige. Mit derselben Berechtigung ließe sich aber auch sagen, dass sich vor dem Tod ein ganzes, pralles, buntes Dasein entfaltet, wenn man es denn mit dem erfüllt, was einen zutiefst befriedigt. Es gibt ein Leben vor dem Tod, das gelebt werden will. Nicht der Tod bedroht unsere irdische Existenz, sondern die Entscheidung, diese ungenutzt verstreichen zu lassen.

Lebensfreude empfinden, das Leben nutzen und auskosten: Wie kann das gelingen? Diese Frage stellt sich täglich. Quellen des Glücks lassen sich in der Gegenwart, aber auch in der Vergangenheit und in der Zukunft finden. Man kann das genießen, was man heute hat. Genauso kann die Vergangenheit eine

Fundgrube schöner Erinnerungen sein. Bloß sollte man das, was gerade in diesem Augenblick geschieht, darüber nicht vergessen und auch nicht das, was noch auf einen wartet. Kinder träumen viel (»Wenn ich groß bin, werde ich AstronautIn!«, »Weihnachten bekomme ich einen Roller!«) und freuen sich über Dinge, die man später leicht als Kleinigkeiten ansieht (»Guck mal, Schlumpfeis!«, »Ich kann schon bis 100 zählen!«). Menschen sollten nie mit dem Träumen aufhören. Dann bleibt das Leben frisch und froh.

Welche Träume möchten Sie sich noch erfüllen?

Das Leben auskosten: Das darf man ganz wörtlich verstehen. Die sinnlichen Freuden sind es, die uns in die Gegenwart holen und unser Dasein köstlich machen. Einen herrlichen Duft riechen, etwas Schmackhaftes essen oder trinken, etwas Schönes betrachten und ganz in sich aufnehmen, Klänge genießen, eine zärtliche Berührung spüren: All das macht das Dasein erfreulich. Wenn man es dann noch schafft, nach Gutem zu streben, ohne ihm mit hängender Zunge hinterherzujagen, verhindert man, dass der Ausflug auf die Erde vorbei ist, ohne dass man ihn wirklich wahrgenommen hat.

Vielleicht kennen Sie die Erzählung *Die unwürdige Greisin* von Bertolt Brecht. Darin beginnt eine 72 Jahre alte Frau nach dem Tod ihres Mannes, plötzlich das zu tun, was sie will, und nicht mehr das, was andere von ihr erwarten. Sie, die immer für ihre Familie da war, geht ins Kino und lässt sich im Gasthof ein leckeres Mahl vorsetzen. Sie mietet eine Kutsche und fährt an einem gewöhnlichen Donnerstag übers Land. Sie befreundet sich mit Menschen, die ein bisschen seltsam scheinen, aber umso lustiger sind. Ihre Kinder und viele Nachbarn des Städtchens, in dem sie wohnt, sind schockiert. Zwei Jahre später stirbt die Greisin und Brecht schließt seine Erzählung mit den Worten: »Sie hatte die langen Jahre der Knechtschaft und die kurzen Jahre der Freiheit ausgekostet und das Brot des Lebens aufgezehrt bis auf den letzten Brosamen.«

Die »unwürdige Greisin« konnte zwar nicht nachholen, was sie in sieben Jahrzehnten versäumt hatte, aber sie konnte ihre letzten beiden Jahre zu den schönsten ihres Lebens machen.

Den eigenen Tod bewältigen

Nehmen wir mal an, dass das Leben ein Paket oder ein Päckchen ist. Weniger in dem Sinne »Jeder hat sein Päckchen zu tragen«, sondern mehr wie ein Überraschungsei, nur viel größer. So ein Paket bekommen Sie eines Tages. Das Paket ist riesig, der Absender unbekannt. Vermuten Sie etwas Gutes oder etwas Schlechtes darin? Kommen Sie gar auf den Gedanken, es handle sich um eine fehlerhafte Zustellung und das Paket sei aus irgendwelchen Gründen irrtümlich bei Ihnen gelandet? Gehören Sie zu denen, die es vor Neugier nicht aushalten und noch im Flur die Pappe aufreißen, um zu gucken, was drin ist? Oder stellen Sie es erst einmal beiseite, weil Sie gerade zu beschäftigt sind, kein Geschenk erwarten oder befürchten, vom Inhalt enttäuscht zu werden?

Angenommen, Sie öffnen das Paket. Darin ist eine Menge Zeug. Mit einigem wissen Sie im Moment nichts anzufangen. So etwas haben Sie noch nie gesehen. Vielleicht kann Ihnen später einer erklären, was man damit machen könnte, denken Sie. Während Sie weiter in dem Paket wühlen, kommen die ersten tollen Dinge zum Vorschein: leckere Pralinen, spannende Spiele. Dann entdecken Sie Sachen, die Sie traurig oder ein bisschen gruselig finden, eine kaputte Puppe vielleicht oder ein Foto von einem verletzten Tier. Manche würden in so einem Moment die Lieferung in den Keller stellen und nichts mehr damit zu tun haben wollen. Aber bei den meisten siegt vermutlich die Neugierde und sie durchsuchen weiter den Inhalt und versuchen, sich einen Reim darauf zu machen. Üblicherweise ist so viel in dem Paket, dass es Jahrzehnte braucht, sich alles anzuschauen, es auszuprobieren und bei Gefallen regelmäßig zu nutzen. Noch mehr Zeit vergeht, bis man weiß, warum man gerade diese Dinge und keine anderen geschickt bekommen hat, und bis man eine Ahnung bekommt, wer wohl der Absender war. Hin und wieder geschieht es, dass man Sachen aus dem Paket weggibt und es später bereut. Einiges zerstört man aus Unachtsamkeit. Anderes sieht erst funkelnd und verlockend aus, ist dann aber gar nicht so toll. Daneben gibt es Dinge, deren Wert man erst mit der Zeit erkennt. Es kommt vor, dass Menschen über ihr Päckchen so enttäuscht oder deprimiert sind, dass sie die ganze Sendung im hohen Bogen auf den Müll werfen. MinimalistInnen basteln sich aus wenigen Dingen etwas zusammen, was sie begeistert.

Und irgendwann ist das Paket plötzlich leer. So sehr Sie auch in den Verpackungskügelchen wühlen, es ist nichts mehr darin. Das war's. Was bleibt, sind die Erinnerungen.

Weil manchen vieles nicht passt, was in dem Paket ist, vermuten sie, die Erde sei ein Strafplanet, so ähnlich wie die Schule, die einem auch wie eine Strafanstalt vorkommen kann. Aber weder die Schule noch die Erde dienen der Bestrafung. Ihr eigentlicher Zweck ist das Lernen.

Das Leben stellt uns ständig Aufgaben. Wir sollen laufen, sprechen, rechnen und mit Messer und Gabel (oder Stäbchen) essen lernen. Aber wir erhalten auch viele Geschenke, schließen Freundschaften, verlieben uns, reisen in exotische Länder, erzielen Erfolge, erleben Berufswechsel und Umzüge, die mitunter bis ans andere Ende der Welt führen. Alles kommt und geht. Ständiger Wandel ist unser treuer Begleiter, ob es uns passt oder nicht. Sogar wir selbst bleiben über die Jahre und Jahrzehnte nicht dieselben, wenn wir auch keine völlig anderen werden. Auf all dem steht die Überschrift: Lernen – von der Wiege bis zu den Sternen.

Die Fragen »Wer bist du?«, »Wo kommst du her?«, »Warum bist du hier?«, »Wo gehst du hin?« verlangen eine Antwort. Was ist der Sinn des Lebens? Vielleicht der, den wir selbst ihm geben? Oder hält er sich versteckt? Lässt er sich suchen und finden? Wohl eher nicht. Wenn wir einen Sinn im Leben haben möchten, müssen wir ihn kreieren. Do it yourself. Das gilt nicht nur, wenn wir ein maßgeschneidertes Bücherregal oder ein personalisiertes Kissen wünschen, sondern auch dann, wenn das eigene Leben ein Unikat sein soll. Einen Sinn von der Stange, der allen passt, den gibt es nicht.

Ist man davon überzeugt, dass das Leben und das Sterben sinnlos sind, wird man es genau so erleben. Wer das Paket, von dem vorne die Rede war, gar nicht richtig auspackt oder zu viel von dem kaputt macht, was sich darin befindet, verweigert sich seiner höchstpersönlichen Aufgabe. Die Frage, was der Sinn des Pakets sowie seines Inhalts ist, bleibt dann unbeantwortet im Raum stehen. Die Freiheit, sich zu verweigern und seine Möglichkeiten nicht wahrzunehmen, haben wir als Menschen. Aber es wäre schade drum. Insofern könnte an der Idee von dem Strafplaneten doch ein wenig dran sein. Aber nicht die Erde ist es, die straft, sondern es ist die unangenehme Folge der falschen Entscheidung, nichts aus dem zu machen, was im Paket an Potenzial enthalten ist.

Es ist nicht immer leicht, all die Aufgaben zu meistern, vor die uns das Leben stellt. Vieles versteht man nicht auf Anhieb, manches vielleicht nie. Anders als Tiere kommen wir nicht vorprogrammiert auf die Erde, sondern müssen uns unsere Programme selber schreiben und unendlich viel lernen. Zu den schwierigsten Aufgaben gehört es, den eigenen Tod zu bewältigen. Auch Sterben und ein guter Tod wollen gelernt sein.

Die ersten Fragen lauten: »Wie möchte ich sterben? Was wäre für mich ein guter Tod?« Diese Fragen sollte man genauso beantworten können wie die, worin für einen ein gutes Leben besteht. Wenn man nicht weiß, was man will, bekommt man womöglich irgendetwas zugeteilt, das, was gerade noch auf Lager ist. Und wer möchte das schon?

Menschen sind höchst unterschiedlich. Die einen möchten am liebsten »plötzlich und unerwartet« sterben. Andere wünschen sich die Möglichkeiten, sich von ihren Liebsten zu verabschieden und noch alles zu regeln, was zu regeln ist. Manche wollen in ihren letzten Stunden gern von ihrer (Wahl-)Familie umgeben sein, während andere in Ruhe gelassen werden möchten. Je bewusster man sich seiner Wünsche und Bedürfnisse ist, desto größer ist die Chance, dass diese erfüllt werden, einfach deshalb, weil man so sein ganzes Denken, Fühlen und Handeln darauf ausrichtet.

Ein Vorbild kann hilfreich sein. Wer ist so gestorben, wie man sich das selbst wünscht? Hat dieser Mensch etwas dafür getan, dass sein Abschied von der Erde so gut gelungen ist? Wenn ja, was? Lässt sich das Sterben ebenso lernen wie das Leben?

Babys ist das Leben noch unbekannt. Nachdem sie die Geborgenheit des Mutterleibes verloren haben, sind sie unsicher, wie es für sie weitergeht. Wenn Mutter oder Vater für kurze Zeit weggehen, sind Kleinkinder alarmiert. Das Vertrauen, dass sie nicht verlassen werden, müssen sie erst aufbauen. Wenn man Neuland betritt, braucht man Vertrauen.

Ganz ähnlich scheint die Situation beim Verlassen der Welt zu sein. Wir werden in eine andere Sphäre gebeamt, wie immer man sich diese vorstellen mag, als Nichts oder als – ja, was? Der Übergang kann von Unsicherheit oder Vertrauen geprägt sein. Vielleicht fühlt man sich so verloren wie als Neugeborenes, um dann zu merken, dass man geborgen ist.

Je mehr man annehmen kann, was geschieht, desto mehr entspannt man sich. Kehrt man mit dem Tod in eine Verbundenheit zurück, die man mit dem Beginn seines Lebens verlassen hatte?

Wenn andere sterben

Manch einer würde lieber selbst sterben, als den Tod seiner Liebsten miterleben zu müssen. Die Dichterin Mascha Kaléko (1907–1975) hat in ihrem Vers »Memento« den viel zitierten Satz geprägt: »Bedenkt: den eignen Tod, den stirbt man nur, doch mit dem Tod der andern muss man leben.« Das würden etliche gern vermeiden. Während sie die Tatsache ihrer eigenen Sterblichkeit relativ gelassen sehen können,

wissen sie nicht, wie sie ohne ihre(n) Lieblingsmenschen weiterleben sollen. Immer wieder hört
man von älteren Ehepaaren, die kurz nacheinander
versterben. Dahinter steht mehr als ein Zufall. Der
Lebenswille des einen ist offenbar gebrochen, wenn
der andere geht.

Das ist jedoch die Ausnahme. Den meisten gelingt
es mit der Zeit, über den Verlust hinwegzukommen.
Trotz der Trauer und des Schmerzes ist es möglich,
den Blick nach vorne zu richten. Der Tod des Part-
ners, eines Kindes oder eines anderen nahestehenden
Menschen kann dazu führen, tief über das eigene
Leben nachzudenken. Wie soll es weitergehen?
Warum ist man da, wenn nicht für den oder die
Verstorbene/n? Für welche Werte lebt man? Was ist
weiterhin möglich? Was könnte neu hinzukommen?
Welche Ziele möchte man erreichen, welche Träume
verwirklichen?

Dabei muss die Lücke, die der oder die Tote
hinterlässt, nicht unbedingt geschlossen werden. Die
Erinnerungen, vor allem die schönen, bleiben. Es
kommt darauf an, nicht nur den Verlust zu sehen,
sondern vielmehr die Bereicherung, die der geliebte
Mensch einem gebracht hat. Sie kann weiter empfunden werden, zusätzlich zu den gegenwärtigen und
zukünftigen Möglichkeiten, die das Leben bietet.

Der Tod von Verwandten und Freunden leitet einen Umbruch ein. Man ist unter anderem mit der Frage konfrontiert, wie schnell man sich auf den Verlust einstellen kann. Als die eigene Welt sich nicht wesentlich verändert hat, schien einem vielleicht alles selbstverständlich, so als könnte es immer so weitergehen. Aber das ist nicht der Fall. Der Tod erinnert einen daran.

Das Leben bringt viele einschneidende Veränderungen mit sich, die nicht leicht zu bewältigen sind, zum Beispiel Trennungen, Scheidungen, Kündigungen oder Unfälle. Selbst grundsätzlich positive Umstellungen wie Hochzeit, Geburt eines Kindes, Umzüge, Beförderungen können durchaus als Stress empfunden werden, jedenfalls teilweise. Daher mögen viele Menschen keine großen Veränderungen und suchen sie zu vermeiden. Der Tod aber lässt sich nicht umgehen.

Deshalb ist es so wichtig, eine hohe psychische Flexibilität zu erlangen. Offen für Veränderungen zu sein, hilft einem, mit dem Unbekannten fertigzuwerden. Der Buddha mahnte: »Vermeide das Eingewöhnen.« Soll heißen: Gewöhne dich nicht zu sehr an Menschen, Dinge, Abläufe. Sie sind vergänglich. Bleib aufgeschlossen für Neues. Der Buddha setzte diese Erkenntnis radikal um: Als Wandermönch hatte er keinen festen Wohnsitz. Er besaß außer seiner Robe und einer Essschale nichts. Er war allen Menschen ein Freund, band sich aber an niemanden.

So extrem braucht man nicht gegen seine Gewohnheiten vorzugehen. Aber es ist gut, sich der Vergänglichkeit aller Menschen und Dinge bewusst zu bleiben und sich darauf einzustellen. Hilfreich ist es auch, sich klarzumachen, dass man in seiner Trauer nicht allein ist. Täglich sterben weltweit Abertausende. Auf der anderen Seite werden ständig neue Menschen geboren. Es herrscht ein immerwährendes Kommen und Gehen. Wir sind nur Gäste auf der Erde.

Erinnern Sie sich an das ABC der Gefühle? Man fühlt so, wie man denkt. Nicht der Anlass A löst unmittelbar die Reaktion (C, engl. *consequence*) aus. Erst die Bewertung B führt zu einem Gefühl oder einer Handlung. So kann der Tod einer nahestehenden Person für sich genommen keine Emotion auslösen. Nur Gedanken, Bewertungen, Überzeugungen können dies. Je nachdem, wie man über den Tod denkt, ist man entweder erschrocken, deprimiert, wütend, erfreut oder gleichmütig. Gar nicht so selten empfindet man einige dieser Emotionen auch gleichzeitig oder kurz nacheinander.

Überlegen Sie einmal, wie Sie denken müssten, um auf den Tod eines Menschen mit

a) Angst,

b) Trauer,

c) Ärger,

d) Erleichterung,

e) Gelassenheit

zu reagieren.

Im ABC der Gefühle liegt ein möglicher Schlüssel zur emotionalen Bewältigung von Sterbefällen. Aber denken Sie bitte immer daran, dass Sie sich nicht von anderen vorschreiben lassen, wie Sie auf den Tod von Verwandten, Freunden, Bekannten und Unbekannten reagieren. Sie entscheiden, was Sie denken, fühlen und tun wollen. Es geht nicht darum, sich etwas einzureden, woran man nicht glauben kann. Der Umgang mit der Vergänglichkeit ist ein höchst individueller Prozess.

Und wenn die Welt untergeht?

Weltuntergangsfantasien gibt es wahrscheinlich, seit es Menschen gibt. Selbst Majestix, der Häuptling dieses kleinen gallischen Dorfes, das angeführt von Asterix und Obelix dem mächtigen Römischen Reich erfolgreich Widerstand leistet, befürchtet, dass ihm eines Tages der Himmel auf den Kopf fallen könnte.

Eigentlich sollte die Welt zuletzt am 21.12.2012 untergehen – an diesem Tag endete der Maja-Kalender. Schon einige Jahre vorher gab es Personen, die sich deswegen auf das Ende vorbereiteten. Aber die Erde existierte einfach weiter. Wann mag der nächste Weltuntergang sein?

Derartige Untergangsfantasien sind negative Utopien. Während die positiven WunschträumerInnen überzeugt sind, dass die Welt eines Tages zum Paradies wird, glauben die negativen UtopistInnen, dass unsere Tage gezählt sind. Und sie haben recht: Jeder Mensch wird in spätestens 120 Jahren tot sein. Die gesamte heutige Menschheit. Mit Sicherheit. Das hat aber nichts mit dem angenommenen Ende der Welt zu tun, sondern mit der Endlichkeit des menschlichen Seins.

Was soll das überhaupt heißen: Weltuntergang? Wird die Erde vergehen? Die Menschheit? Alles Leben auf der Erde? Oder gleich das ganze Sonnensystem? Etwa die Milchstraße? Folgt dem *Big Bang* (Urknall) der *Big Bounce* (Urprall), was den Zusammensturz des Weltalls bedeuten würde? Oder erleben wir den *Big Rip*, den Urriss? Dehnt sich das Universum also solange aus, bis es reißt?

Eine andere Frage ist noch wichtiger: Sollten wir nicht viel neugieriger auf das Leben als auf den Tod sein? Das Ende dürfen wir als gewiss voraussetzen. Aber was machen wir bis dahin? Diese Frage stellt sich jedem, unabhängig davon, wie viele Tage oder Jahrmillionen die Welt noch bestehen mag. Vielleicht trifft, was das Universum angeht, ohnehin etwas anderes zu, nämlich dass es immer war, ist und sein wird. Und was heißt überhaupt »Uni«-versum? Kann man ausschließen, dass es viele Welten gibt und das Universum in Wirklichkeit ein Multiversum, eine endlose Zahl von Parallelwelten, ist?

Als Mensch tut man wohl besser daran, mit beiden Füßen auf dem Boden zu bleiben und sich erst einmal zu überlegen, wie man den heutigen Tag am besten leben möchte. Bevor man sich den Kopf zerbricht, ob und wann die Welt untergeht, wäre es wohl klüger, sich um sein eigenes Leben zu kümmern. Das All sorgt für sich selbst. Dasselbe sollte jeder Einzelne tun.

Die Welt gleicht einem riesigen Jahrmarkt. Alles dreht sich, alles bewegt sich. Ständig ist etwas los. Dies als die eigentliche »Wirklichkeit« zu begreifen, ist nicht bedrohlich, wenn man flexibel ist und nicht an starren Vorstellungen festhält. Man braucht viel Vertrauen in das Ganze, aber das benötigt man auf der Achterbahn auch. Die Fahrt darin wird zu einem Höllentrip, wenn man das Auf und Ab und das teilweise irrwitzige Tempo nicht akzeptieren will und Widerstand leistet. Dieser ist zwecklos und löst nur Ängste und Panik aus. Wer dagegen das Abenteuer annimmt, möchte sich am Ende der Fahrt sofort ein neues Ticket kaufen und gleich noch mal fahren, weil es so aufregend war und so viel Spaß gemacht hat.

Eine Kirmes ist vielleicht gerade noch überschaubar, das Universum ist es nicht. Wer das Entstehen (?), Vergehen (?) und Wiederentstehen (?) des Alls kontrollieren möchte, überfordert sich aufs Äußerste. Nicht einmal das Leben ist planbar. Besonders an den Rändern – Geburt und Tod – endet die Kontrolle.

Der Plan des Universums geht uns wenig an, wohl aber unser Platz darin und was wir daraus machen. Wir leben jetzt. Der heutige Tag will gelebt werden. Und morgen? Wir werden sehen.

Alles, was du brauchst

Die eigentliche Währung im Universum ist die Liebe. Säuglinge brauchen Körperkontakt, sonst gehen sie ein. Für Frühgeburten, die im Brutkasten liegen, ist Berührung lebenswichtig. Als dies noch nicht bekannt war, starben sie, obwohl sie sonst alles hatten, was man zum Leben benötigt.

Kooperation bringt die Wirtschaft zum Laufen. Erfinder, Hersteller und Kaufleute müssen zusammenwirken, um erfolgreich zu sein. Ohne Ideen haben die Produzenten nichts, was sie bauen könnten, und ohne die Arbeiter bekommen die Händler keine Ware für den Verkauf. Natürlich gehören noch viele weitere Personen dazu, die tätig werden, bis das Produkt bei den Käufern ankommt.

Der Meditationslehrer Thich Nhat Hanh beschreibt am Beispiel eines Reiskorns, wie viele Menschen nötig sind, bis es schließlich auf unserem Teller landet. Nicht nur Menschen, zahllose Faktoren müssen zusammenkommen, um ein einziges, gekochtes Reiskorn auf unsere Gabel zu bringen. Wasser, Luft, Reispflanzen, Bäuerinnen, Transportarbeiter, Lagerverwalterinnen, Schiffshersteller, Kaufleute, Bergarbeiter, Öllieferanten, Stromproduzenten, Töpfer, das gesamte Ökosystem: Letztlich hängt alles mit allem zusammen. Unendlich viele Komponenten bewirken gemeinsam, dass wir Reis essen können.

Solidarität – ein anderes Wort für Liebe – macht eine Gesellschaft stark. Menschen sind von Natur aus schwach. Nur zusammen sind wir imstande zu überleben. Relativ leichte Krankheiten können lebensbedrohlich werden ohne die Hilfe und Pflege durch andere. Unterstützung der Alten ebenso wie die Erziehung der Jungen sind für das Gedeihen der Menschheit unentbehrlich. Arbeitslose brauchen ebenfalls die Solidarität ihrer Mitmenschen. Jeder ist auf soziale Hilfe angewiesen, auch die Banken und Unternehmen. Wer hat die maroden Banken in der Existenzkrise gerettet? Wir! Wer unterstützt die Wirtschaft mit Investitionen? Wir! Was bei den Armen Sozialhilfe heißt, wird bei den Reichen Subventionen genannt. Straßen, Brücken, Schulen, Theater, Hafenanlagen, Krankenhäuser und dergleichen sind Gemeinschaftseinrichtungen, egal ob sie als privat oder staatlich gelten. Ohne das Zusammenwirken vieler kommt nichts zustande. Wenn Liebe fehlt, sieht man es sofort. Angst, Konkurrenz, Krieg, Hass, Armut, Hunger, Umweltzerstörung, Rücksichtslosigkeit: Sie kennen die Symptome.

Das Leben selbst ist relativ unkompliziert. Essen, Trinken, Schlafen, Bewegen: Das ist nicht so schwer. Aufgrund der technischen und wissenschaftlichen Entwicklung wäre das materielle Überleben der Menschheit gesichert – wenn es nicht so oft an Liebe mangeln würde.

Liebe ist sogar stärker als der Tod. Der Tod an sich ist eine Tatsache, mehr nicht. Nur die tiefsitzende

Angst vor ihm kann einen hindern, das Leben zu genießen. Liebe ist der wirksamste Schutz gegen Todesangst. Man darf sie nur nicht missverstehen. Geliebt werden ist eine schöne Sache, aber im Kern geht es darum, selbst lieben zu lernen.

Am besten übersetzt man Liebe mit Wohlwollen. Gut zu sich zu sein, seine Bedürfnisse zu erkennen und zu erfüllen: Genau darauf kommt es an. Und darauf, sich gegenseitig bei diesen Aufgaben zu helfen. Es gibt keinen anderen Weg. Das Geheimnis eines guten Lebens und eines sanften Todes ist die Liebe. Es gibt kein anderes.

Der Aufforderung am Eingang des Tempels von Delphi – »Erkenne dich selbst« – wäre nur noch hinzuzufügen: und lerne zu lieben. Dann brauchst du den Tod nicht zu fürchten.

Literatur + Filme

Es existieren so viele wunderbare Bücher und Filme über den Tod und das Leben, dass wir hier nur eine kleine Auswahl zusammenstellen können. Fügen Sie gern Ihre persönlichen Favoriten hinzu!

Bücher

Assagioli, Roberto: *Handbuch der Psychosynthesis. Angewandte transpersonale Psychologie.* Freiburg im Breisgau 1978.

Barloewen, Constantin von: *Der Tod in den Weltkulturen und Weltreligionen.* München 1996.

Beck, Aaron: *Wahrnehmung der Wirklichkeit und Neurose. Kognitive Psychotherapie emotionaler Störungen.* München 1991.

Bhante Wimala: *Wie eine Lotusblüte. Die praktischen Lehren eines Wandermönchs.* Bergisch Gladbach 1997.

Bonanno, George: *Die andere Seite der Trauer. Verlustschmerz und Trauma aus eigener Kraft überwinden.* Bielefeld 2012.

Borasio, Gian Domenico: *Über das Sterben. Was wir wissen. Was wir tun können. Wie wir uns darauf einstellen.* München 2013.

Brüning, Barbara; Brüning, Laura; Zenneck, Hans-Udo: *Wie ich es will. 10 Entscheidungen, die jeder vor dem Lebensende treffen sollte.* Weinheim 2015.

Buchwald, Art: *Ich hatte keine Ahnung, dass Sterben so viel Spaß machen kann.* Berlin 2006.

Carnegie, Dale: *Sorge dich nicht – lebe! Die Kunst, zu einem von Ängsten und Aufregungen befreiten Leben zu finden.* Frankfurt/Main 2011.

Crowther, Kitty: *Der Besuch vom kleinen Tod.* Hamburg 2013.

Csikszentmihalyi, Mihaly: *Flow. Das Geheimnis des Glücks.* Stuttgart 2015.

Domian, Jürgen: *Interview mit dem Tod.* Gütersloh 2012.

Ellis, Albert: *Grundlagen und Methoden der Rational-Emotiven Verhaltenstherapie.* München 2008.

Erlbruch, Wolf: *Ente, Tod und Tulpe.* München 2010.

Giovetti, Paola: *Roberto Assagioli. Leben und Werk des Begründers der Psychosynthese.* Rümlang/Zürich 2007.

Hohensee, Thomas: *Gelassenheit beginnt im Kopf. So entwickeln Sie einen entspannten Lebensstil.* München 2015.

Hohensee, Thomas: *Das Gelassenheitstraining. Wie wir Ärger, Frust und Sorgen die Macht nehmen.* München 2014.

Hohensee, Thomas: *10 Dinge, die jeder von Buddha lernen kann: Mehr Gelassenheit, Glück und Liebe ins Leben bringen.* München 2016.

Ingrisch, Lotte: *Reiseführer ins Jenseits.* München 2010.

Jakoby, Bernard: *Das Tor zum Himmel. Was wir aus Nahtod-*

erfahrungen für das Leben lernen können. München 2016.

Kalanithi, Paul: *Bevor ich jetzt gehe. Was am Ende wirklich zählt. Das Vermächtnis eines jungen Arztes.* München 2016.

Kaspar, Cornelia: *Die Simonton-Methode: Selbstheilungskräfte stärken, den Krebs überwinden.* Reinbek bei Hamburg 2015.

Kübler-Ross, Elisabeth: *Interviews mit Sterbenden.* Freiburg im Breisgau 2014.

Kuhlmey, Adelheid; Schaeffer, Doris (Hrsg.): *Alter, Gesundheit und Krankheit.* Bern 2008.

Lakotta, Beate; Schels, Walter: *Noch mal leben vor dem Tod. Wenn Menschen sterben.* München 2004.

LeShan, Lawrence: *Diagnose Krebs. Wendepunkt und Neubeginn. Ein Handbuch für Menschen, die an Krebs leiden, für ihre Familien und für ihre Ärzte und Therapeuten.* Stuttgart 2016.

Lommel, Pim van: *Endloses Bewusstsein. Neue medizinische Fakten zur Nahtoderfahrung.* München 2013.

Moody, Raymond: *Leben nach dem Tod. Die Erforschung einer unerklärlichen Erfahrung.* Reinbek bei Hamburg 2001.

Lyubomirsky, Sonja: *Glücklich sein. Warum Sie es in der Hand haben, zufrieden zu leben.* Frankfurt/Main 2008.

Moorjani, Anita: *Heilung im Licht. Wie ich durch eine Nahtoderfahrung den Krebs besiegte und neu geboren wurde.* München 2015.

Müller, Monika: *Dem Sterben Leben geben. Die Begleitung sterbender und trauernder Menschen als spiritueller Weg.* Gütersloh 2004.

Péter Nádas: *Der eigene Tod.* Göttingen 2002.

Nehls, Michael: *Die Alzheimer-Lüge. Die Wahrheit über eine vermeidbare Krankheit.* München 2014.

221

Neysters, Peter; Schmitt, Karl Heinz: *Getröstet werden. Das Hausbuch zu Leid und Trauer, Sterben und Tod.* München 2012.

Parnia, Sam: *Der Tod muss nicht das Ende sein. Was wir wirklich über Sterben, Nahtoderlebnis und die Rückkehr ins Leben wissen.* München 2015.

Plieth, Martina: *Tote essen auch Nutella. Die tröstende Kraft kindlicher Todesvorstellungen.* Freiburg im Breisgau 2013.

Ridder, Michael de: *Wie wollen wir sterben? Ein ärztliches Plädoyer für eine neue Sterbekultur in Zeiten der Hochleistungsmedizin.* München 2010.

Ruffing, Reiner: *Kleines Lexikon wissenschaftlicher Irrtümer. Von Aderlass bis Zeitreise.* Gütersloh 2011.

Schaper, Michael (Hrsg.): *GEO Wissen. Vom guten Umgang mit dem Tod,* 51/2014.

Schulz, Uwe: *Nur noch eine Tür. Letzte Gespräche an der Schwelle des Todes.* Basel 2014.

Smolny, Conny: *Komm, sanfter Tod, des Schlafes Bruder. Eine Kulturgeschichte des Todes.* Berlin 2010.

Stolze, Cornelia: *Vergiss Alzheimer! Die Wahrheit über eine Krankheit, die keine ist.* Köln 2011.

Taylor, Jill: *Mit einem Schlag. Wie eine Hirnforscherin durch ihren Schlaganfall neue Dimensionen des Bewusstseins entdeckt.* München 2010.

Ware, Bronnie: *5 Dinge, die Sterbende am meisten bereuen. Einsichten, die Ihr Leben verändern werden.* München 2015.

Webb, Hillary: *Traveling between the worlds. Conversations with contemporary shamans.* Charlottesville 2004.

Westheimer, Ruth: *Lebe mit Lust und Liebe. Meine Ratschläge für ein erfülltes Leben.* Freiburg im Breisgau 2015.

Filme

Allen, Woody: *Hannah und ihre Schwestern*. 1986

Coixet, Isabel: *Mein Leben ohne mich*. 2003

Demme, Jonathan: *Philadelphia*. 1993

Dormael, Jaco Van: *Das brandneue Testament*. 2015

Iizuka, Masaki: *Noel*. 1992 (bei YouTube »Noel christmas movie« eingeben, Anm.)

LeShan, Lawrence; Büntig, Wolfgang: *Die Melodie des eigenen Lebens finden*. 2011

Vilsmaier, Joseph: *Die Geschichte vom Brandner Kaspar*. 2008

Life Coaching und Seminare

Wie Sie gesehen haben, gibt es viele verschiedene Möglichkeiten, über den Tod zu denken. Manche Vorstellungen machen einen traurig, andere erlauben einem, das Sterben zu akzeptieren und ein glückliches Leben zu führen.

Mit diesem Buch wollen wir Denkanstöße geben. Wir wissen, dass es schwierig sein kann, seine alten Denkgewohnheiten zu ändern. Deshalb empfehlen wir, dieses Buch mehrmals zu lesen.

Wer sich intensiver damit beschäftigen möchte, über den Tod konstruktiver zu denken, ein wunderbares Leben zu führen und dadurch mehr Glück, Gelassenheit und Liebe zu spüren sowie im Beruf, in der Familie, in den Beziehungen zu allen Menschen bessere Erfahrungen zu machen, den laden wir ein

- weitere Bücher von uns zu lesen,
- Seminare von uns zu besuchen oder
- sich von uns eine Zeit lang persönlich coachen zu lassen.

Informationen dazu finden Sie unter
www.thomashohensee.de